ふるさと再発見の旅 九州2

清永安雄 撮影

産業編集センター

ふるさと再発見の旅　九州２

ふるさと再発見の旅　九州2　目次

熊本

宮崎

沖縄

熊本

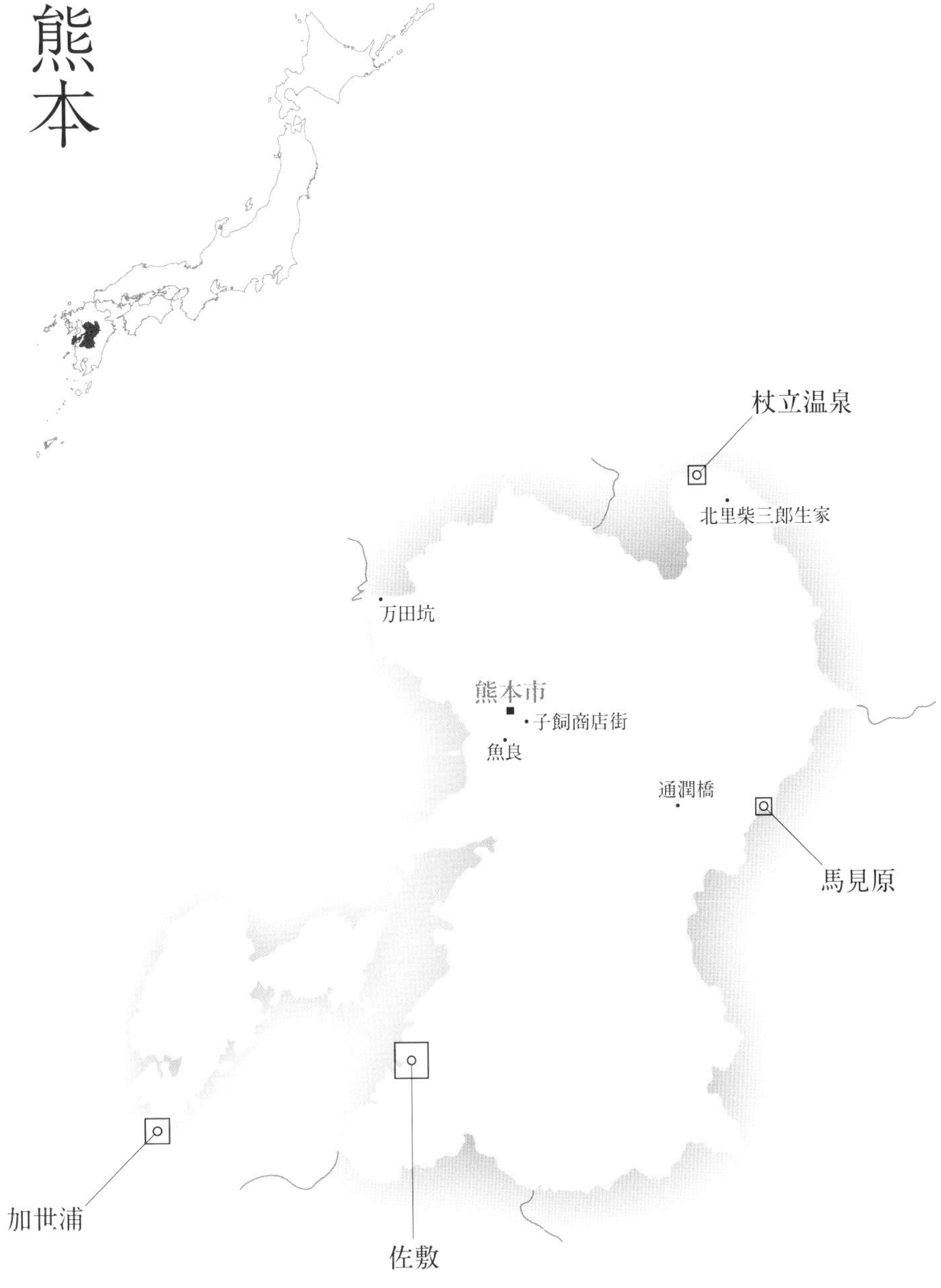
杖立温泉
北里柴三郎生家
万田坑
熊本市
子飼商店街
魚良
通潤橋
馬見原
佐敷
加世浦

加世浦《かせうら》（天草市牛深町加世浦）

「お前の家、おれの家」が軒をくっつけて暮らした「せどわ」の集落

天草市牛深町は、東シナ海に面した天草下島の最南端に位置する。三方を海に囲まれた天然の良港で、昔は小さな一漁村だったが、江戸時代に漁業基地として大きく発展した。現在も漁業従事者は一千人を超え、熊本県内でもっとも漁業が盛んな町である。

その牛深町の南、山と海に囲まれた谷あいのわずかな平地に、加世浦という小さな漁業集落がある。

ここには「せどわ」と呼ばれる昔ながらの家並みが今も残っている。「せどわ」の語源は瀬戸（家の裏口の意）で、狭い場所、という意味もある。その言葉通り、人ひとりがようやく通れるくらいの迷路のように入り組んだ細い路地に沿って、何軒もの家が軒を連ねている。これは、同じ船に乗る漁師たちが近くに集まって住んでいた集落の名残りで、奥の方から海に向かっていくつもの「せどわ」が伸びている。こうして

密集して居住することで、かつては海側の路地の入り口で船頭が大声で出漁の合図をすると、ほんの数分で全員が船に集まることができたという。想像するとなかなか楽しげな光景である。

この「せどわ」を舞台にした映画がある。二〇一三年公開、大竹しのぶ主演の『女たちの都~ワッゲンオッゲン』で、築百年の元遊郭「三浦屋」が解体されるという噂を聞いた地元の女性たちが、三浦屋を料亭として生まれ変わらせ、町おこしをするという話である。「ワッゲンオッゲン」とは「お前の家、おれの家」という意味だそうだ。家の軒と軒がくっつくように建っている「せどわ」を表現したものだろう。言い得て妙なタイトルだ。

映画に出てくる三浦屋は実在した遊郭で、今もその建物は残っている。ここには他にもいくつかの遊郭があった。漁に出られない日は風待ちの港となった牛深の港町には、当然ながら花街が生まれた。大漁の日には大漁祝い、シケの日にはゲン直しの宴会が行われ、三味線の音の聞こえない日はないと言われた。

歌人で詩人の与謝野寛が、北原白秋、木下杢太郎《もくたろう》、平野万里、吉井勇と共に天草を旅した日々を記した紀行文『五足の靴』には、明治四十年頃の牛深の漁村風景と花街のようすが描かれている。

三方を海、一方を山に囲まれた天然の良港

細い路地に沿って何軒もの家が軒を連ねる「せどわ」の家並み

KM3-27176

与謝野寛著『五足の靴』に描かれた遊郭「三浦屋」跡。五足の靴一行（与謝野寛、北原白秋、木下杢太郎、平野万里、吉井勇）は、この漁師町の宿に宿泊し、翌日三角港へ旅立った

牛深観光案内所
住所：天草市牛深町2286-116 うしぶか海彩館1F
電話：0969-74-7060
営業時間：8:30〜17:30
定休：不定休

★牛深への行き方
九州自動車道松橋ICより車で約2時間30分

おすすめランチ

●さしみ定食

鮮魚店の2階にある直営食堂は、牛深港を一望できる絶好のロケーション。海鮮丼、さしみ定食、がらかぶ（カサゴ）の唐揚げ定食など、魚屋さんならではの新鮮な魚介を使ったメニューが豊富で、どれもボリューム満点だ。

「魚正」
天草市牛深町2286-101

祭

牛深ハイヤ祭り（うしぶかはいやまつり）

江戸時代から牛深地域に伝わる「ハイヤ節」。船乗りたちと、その身を案ずる女性たちが踊り歌っていたものが始まりといわれる。やがてそれは船乗りによって全国の港へと伝わっていった。今では「ハイヤ系民謡」といわれるものが全国各地で受け継がれている。「ハイヤ」は、帆船に欠かせない南風を表す「ハエの風」が語源だという。

伝統芸能となったハイヤ節を歌い踊りながら大通りを練り歩く牛深ハイヤ祭り。今では約三千人もの参加者があり、市内外より多くの観光客が訪れる一大イベントとなっている。

開催時期　毎年4月の第3土日（金曜は前夜祭）
開催場所　天草市牛深町牛深港周辺
写真提供：牛深ハイヤ祭り実行委員会

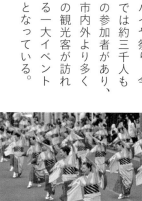

杖《つえ》立《たて》温泉（阿蘇郡小国《おぐに》町《まち》下城《しもじょう》）

九十八度の源泉で町じゅうに蒸気が噴き出る山あいの温泉地

阿蘇郡小国町にある杖立温泉は、他では見られない独特の雰囲気を持つ温泉集落である。小国町は福岡県柳川市と大分県別府市を結ぶ線の真ん中辺りにあり、杖立はその最北の山間部に位置する。山奥に分け入って杖立川の渓谷が見えてくると、川を挟んで突然レトロな町並みが現れる。杖立川にはいくつもの橋が架かり、両脇の町のあちこちから湯けむりが立ちのぼる。九十八度という高熱の温泉から噴き出る蒸気だ。

湯に入りて　病なおれば　すがりてし

杖立ておいて　帰る諸人

平安時代の初め、旅の途中で立ち寄った弘法大師が、温泉の効能に感動して詠んだ歌。杖をついてきた人が、この温泉に入ると健康になり、宿に杖を立てかけたまま帰っていく、という意味だが、これが杖立温泉の名の由来といわれている。

そんな古い歴史を持つ杖立温泉だが、最もにぎわったのは昭和の初めごろだそうである。「九州の奥座敷」と呼ばれ、一大温泉歓楽街として人気を集めた。だが何しろ山奥の小さな温泉地である。押し寄せる客を受け入れるために、狭い路地沿いの旅館や店が次々に増改築を繰り返した結果、家屋がひしめき合い、曲がり角だらけの、迷路のような複雑な家並みができあがった。

この路地は「背戸屋《せどや》」と呼ばれる。杖立温泉は平成になって急激に衰退してきたが、それでも、いや、それゆえというべきか、古い素朴な路地裏は取り残され、今も往時の佇まいを見せている。最近では、いわゆる昭和レトロな面影を色濃く残す町並みとして貴重がられ、映画やドラマのロケ地にしばしば使われている。

ところで読者諸氏は、温泉街のはずなのに、のっけから鯉のぼりの写真ばかりじゃないかと訝っておられると思うが、私たちが訪れたのは四月半ば。ちょうど年に一度の「鯉のぼり祭り」の真っ最中だった。実は杖立はこの行事の発祥の地なのだそうだ。

杖立川の川幅いっぱいに張られたロープに吊り下げられた鯉のぼりの数は、なんと約三千匹。それらが風に吹かれて一斉に空を泳ぐのだから、実に壮観というか華やかである。杖立の鯉のぼりにはジンクスがあり、願い事を書いて吊るすとその願いが叶うという。特に（鯉だけに）「恋」の願いに効き目があるんだとか。

この期間、温泉街は色とりどりの鯉で満艦飾になる。これはこれで見応えがあるのだが、正直いうと、できればもう一度別の時期に、鯉のぼりのいない静かな町並みを歩いてみたいと思いながら、観光客で混み合う杖立温泉を後にした。

「杖立温泉鯉のぼり祭り」は毎年4月～5月にかけて開催される

NIGHT
-in 夜の

昭和レトロな面影を残す路地「背戸屋」

屋根のついた「もみじ橋」はパワースポット。屋根からズラリと「絵鯉」という杉の板が吊り下がっている
「絵鯉」に願い事を書いて橋に吊るすと、願いが叶うといわれる

肥後藩主ゆかりの湯として名高い「御前湯」

杖立温泉観光協会
住所：阿蘇郡小国町下城4173-5
電話：0967-48-0206
営業時間：8:30～17:30
定休：木曜日、12/29～1/3

★杖立への行き方
大分自動車道九重ICより車で約40分

著名人の生家を訪ねて

北里柴三郎生家

高台からの眺めが美しい茅葺き屋根の家

世界的な細菌学者・北里柴三郎は、嘉永六（一八五三）年一月二十九日、北里村の庄屋・北里惟信《これのぶ》の長男として生まれた。明治四年、藩立の西洋医学所に入学、四年後に東京医学校（現在の東京大学医学部）へ進学、卒業後、内務省衛生局に就職した。その後、ドイツのベルリン大学に留学し、結核菌の発見者であるローベルト・コッホに師事。ここで貴重な研究成果を次々に発表、明治二十二年に世界で初めて「破傷風菌純粋培養法」に成功し、世界にその名を轟かせた。帰国後、大正三年に私費を投じて「私立北里研究所」を設立、狂犬病、インフルエンザ、赤痢、発疹チフスなどの血清開発に取り組んだ。大正六年には全国初の医師会「大日本医師会」の初代会長に就任。終生、我が国の公衆衛生、医学教育、医療行政の発展に貢献した生涯だった。

昭和六年六月十三日、脳溢血のため東京・麻布の自

住所 阿蘇郡小国町北里3199
入館料 大人400円、学生250円、幼児無料
開館時間 9:30〜16:30
休館 年末年始

宅で死去。七十八歳だった。

生家は明和元（一七六四）年に建てられた家で、現在地に隣接する川沿いにあったが、大正五年、柴三郎が建てた「貴賓館」「北里文庫」のある敷地に移設され、現在は「北里柴三郎記念館」となっている。茅葺屋根の小さな家。元は大邸宅だったらしいが、明治二十八年に柴三郎が両親を東京に呼んだため空家となり、その時、座敷二間を残してあとは取り壊したという。屋敷内は見学可能。二階からの眺めが素晴らしい。

『るろうに剣心　京都大火編、伝説の最期編』（荒尾市・宇城市）

漫画 和月伸宏作・一九九九年
映画 大友啓史監督・二〇一四年

アクション、ストーリーともに優れた実写映画の最高傑作

漫画の実写映画としては最高傑作といわれる『るろうに剣心』シリーズの第二作、第三作。原作は和月伸宏の人気漫画『るろうに剣心―明治剣客浪漫譚』。

第一作では、幕末、伝説の人斬りとして恐れられた緋村抜刀斎こと剣心が、「不殺の誓い」を立てて各地を旅する中で、剣道の流派を潰された師範代の少女・神谷薫を助けたことから、道場で暮らすことになる。第二作目、第三作目は、それから数年後、人斬り時代のライバルとして剣心をつけ狙い、明治政府転覆を図る志々雄真実との京都、東京にまたがる激しい戦いが描かれる。

キャストは一作目と同じく、主役の緋村剣心役を佐

『京都大火編』の冒頭、警察隊が攻め込むシーンに使われた万田坑採掘場のトンネル入り口

藤健、ヒロイン薫を武井咲、斎藤一を江口洋介、新たな敵・志々雄を藤原竜也が演じ、かつてないスケールの凄まじいアクションが注目を浴びた。ファンタジア国際映画賞観客賞、日本アカデミー賞話題賞、ジャパンアクションアワードのベストアクション男優賞など数多くの賞を受賞。

『京都大火編』の最後に海に蹴落とされた薫が、助けられて海辺の病院に収容されているシーンから第三作『伝説の最期編』が始まる。この病院に使われた三角西港の「旧三角簡易裁判所」。「明治日本の産業革命遺産」として世界遺産に登録されており、現在は「法の館」として無料公開されている

第二作『京都大火編』の志々雄一味のアジトの撮影地となった万田抗。三池炭鉱石炭採掘施設の遺構で、旧三角簡易裁判所と同じく世界遺産に登録されている

佐敷《さしき》（葦北郡芦北町佐敷）

加藤清正の城下町と薩摩街道の宿場町、二つの顔を持つ港町

佐敷は佐敷川の河口に開けた町で、水運だけでなく、薩摩と肥後を結ぶ薩摩街道の宿駅としても発展した町である。相良《さがら》氏七百年の城下町である人吉は海のない内陸部にあり、佐敷はその人吉から最も海に近い港町である。薩摩へも人吉へも峠を越えなければ入れない。佐敷が古来から交通の要衝であり、峠越えした旅人たちを迎える宿場町として大いににぎわったであろうことは容易に想像がつく。

南北朝時代には軍事的要衝として城も築かれた。佐敷城は、城造りの名人として知られる加藤清正が佐敷川に面した山の頂に築いた城である。城下町も整備され、城は清正の死後も加藤家熊本藩の支城となっていたが、元和元年、一国一城令により廃城となった。その後の佐敷は、宿場町として発展していった。

現在は佐敷川の両岸の道路沿いに白壁土蔵造りの家並みが数多く見られる。道路に面してノコギリ状に斜めに町家が建ち並んでいる風景も健在。これは城下町時代、攻

めてきた敵を身を隠して待ち伏せするのが目的だった。

佐敷では二十年ほど前から町並み保存に力を入れており、古い家屋を補修したり復元したりして伝統的な町並みの姿を残そうとしている。旧商家の桝屋の建物を復元して、佐敷宿の顔である「芦北町薩摩街道佐敷宿交流館」を誕生させたのも、保存会の努力によるものだ。だがもちろん、旧家の保存は決して容易ではない。令和四年八月、台風直撃による被災もあって、人吉街道沿いの薩摩屋という宿屋が長い歴史の幕を下ろした。島津の殿様や篤姫、伊能忠敬なども宿泊した薩摩藩の本陣であり、佐敷を代表する旧建築だった。私たちは薩摩屋を探して何度も何度も通りを往復したが見つからず、近所の住人に尋ねて、そこがほんの数ヵ月前に解体されたことを知った。自然災害が多く、環境変化の激しい我が国で、歴史的建物を保存しておくことの難しさを痛感させられた出来事だった。

話題を変えて、最後に一つ、佐敷のとっておきの観光ピーアールを。深夜に無数の火が沖合いに現れる不知火現象で知られる不知火海に面した佐敷では、「観光うたせ船」という観光船を出している。大きな白い四本のマストと大小九つの帆を持ち、それらが風を受けて潮の流れに任せて大海原を滑っていく姿は、得も言われぬ美しさで、別名「海の貴婦人」とも呼ばれる……そうだが、残念ながら事前予約が必要とのことで、我々は日程の都合上乗船できなかった。興味のある方は、芦北漁業協同組合にお問い合せの上、ぜひ体験していただきたい。

薩摩街道佐敷宿交流館「桝屋」

佐敷城跡から出土した「天下泰平國土安穏」銘の鬼瓦を、実物の400倍にした巨大なモニュメント

佐敷城跡。佐敷城は加藤清正が島津氏との戦いのために築城した。現在は石垣だけが残っている

佐敷城の足元を流れる佐敷川に沿って、古い町並みが続く

守口屋

不知火海に面した佐敷からは「観光うたせ船」が出ている

おすすめランチ

●あしきた牛焼肉定食

道の駅「芦北でこぽん」の中にある焼肉れすとらん・ぎゅーぎゅー亭は地域の名産である「あしきた牛」の焼き肉が楽しめるお店。ランチはうどんやそばも取り揃えるが、一番人気のメニューはやはり「あしきた牛」の焼肉定食だ。

「ぎゅーぎゅー亭」
葦北郡芦北町佐敷443

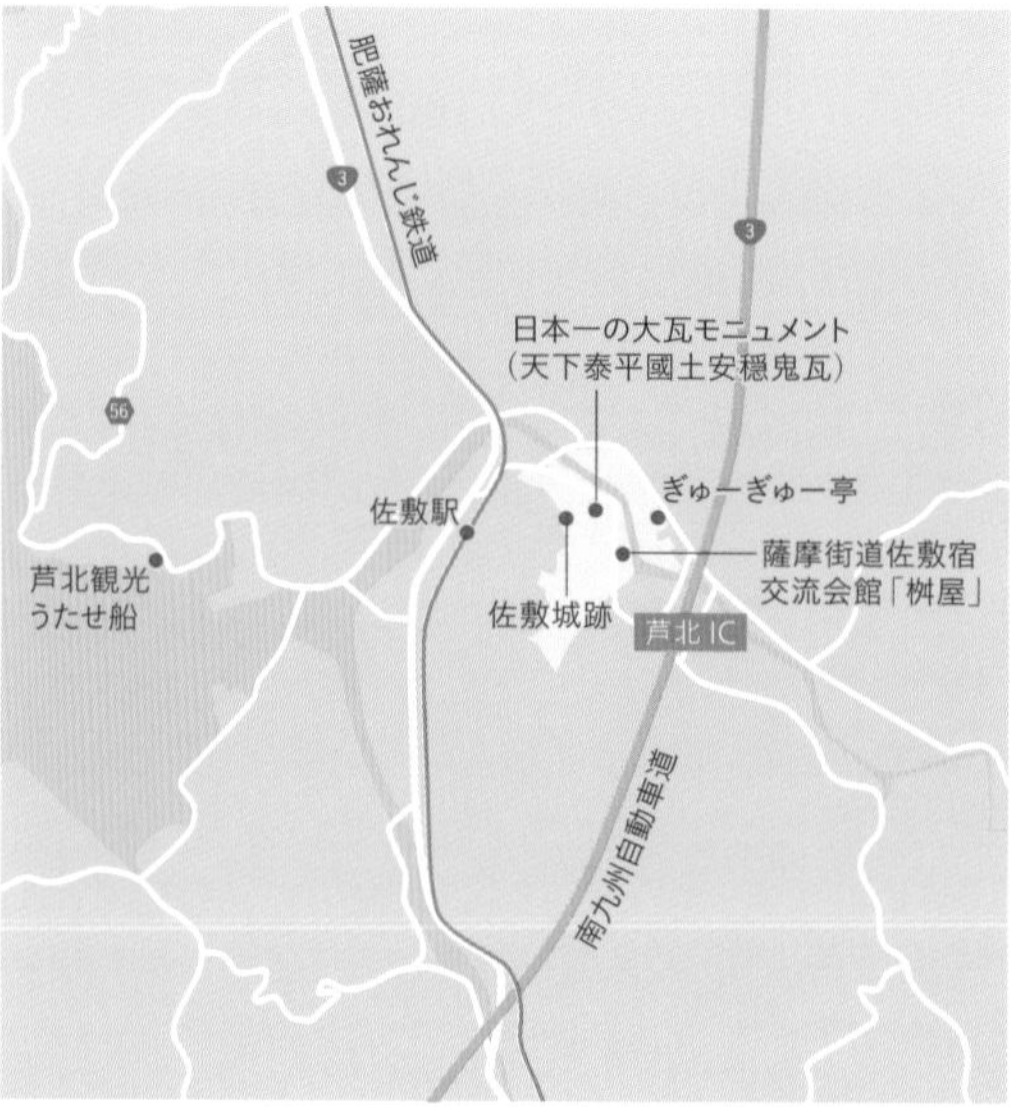

薩摩街道佐敷宿交流館「桝屋」
住所：葦北郡芦北町佐敷58
電話：0966-61-3770
開館時間：9:00〜17:00
定休：火曜日（祝日の場合は翌日）

★佐敷への行き方
南九州自動車道芦北ICより車で約5分
肥薩おれんじ鉄道佐敷駅より徒歩で約15分

わが町自慢の
市場食堂

魚良（熊本市西区田崎町380-63）

仲卸業者が営むコスパ最高の魚処

競り場と商店街が一体となった熊本地方卸売市場は、通称「田崎市場」として食のプロから一般市民まで広く親しまれている。それぞれ別の場所にあった青果市場と魚市場が田崎で営業をはじめてから五十年以上になる。熊本県内のみならず、九州や国内外の魚介類・青果も取引されるため、場内、そして周辺には目利きや食通もうならせる飲食店が多く立ち並ぶ。

仲卸業者が営む食事処「魚良」もそんな店のひとつ。良心的な値段で料理のレベルも高いと評判だ。新鮮な魚介を使った寿司や刺身、海鮮丼はもちろん、煮魚や焼き魚、天ぷらも美味。週末は市場関係者以外のお客さんも多い。

営業時間 10時～14時、18時～21時　水曜は夜なし　土曜は6時～9時も　日曜定休

「えびす商店街」には5つの通りがあり、飲食店、専門店は40を超える

ノスタルジック商店街

子飼《こかい》商店街（熊本市中央区西子飼町）

戦後の闇市から発展、昭和の香りを色濃く残す昔ながらの商店街

日本初のスクランブル交差点は、いつどこにできたかご存知だろうか。渋谷でも新宿でもない、昭和四十三年に熊本市の子飼町にできた「子飼交差点」である。T字型の交差点に、市電の電停の終点と熊本大学への通学客と「子飼商店街」の買い物客が絡む渋滞スポットで、その解消策として、ニューヨーク五番街のスクランブル交差点をヒントに設置されたそうである。

さて今回ご紹介するのは、その渋滞要因だった「子飼商店街」。元々は下級武士の家などが建ち並ぶ屋敷町だったが、終戦後ここに農家が野菜などを持ち寄って闇市ができた。この農家からの直売が人気を呼び、自然に現在のような商店街に発展したという。

四〇〇メートルほどの狭い通りに、肉屋、魚屋、惣菜屋、酒屋、乾物屋、雑貨屋、漬物屋、唐揚げ屋、熊

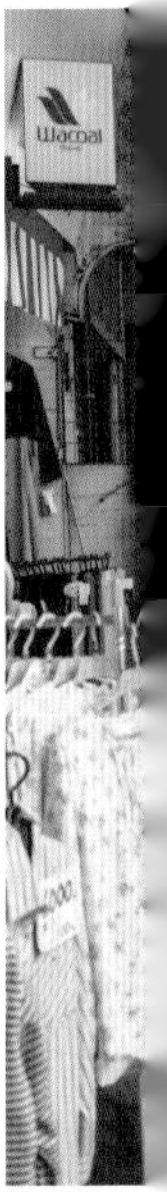

本名物からし蓮根屋、各種食堂などが軒を連ね、雑多な感じだが朝早くから人が溢れる活気のある商店街。「熊本市民の台所」といわれ、地元だけでなく遠方からの買い物客も多い。

アーケードはないが、通りの両側から日光を遮るための赤や緑の軒先テントがずらりと張られ、とてもカラフル。シャッターも楽しい絵柄とにぎやかな色彩で彩られ、閉まっている店も買い物客の目を楽しませてくれる。別名「子飼レトロ通り商店街」。昭和の雰囲気を今に残す、熊本を代表する昔ながらの商店街である。

馬見原《まみはら》（上益城《かみましき》郡山都《やまと》町）

若山牧水が「シャレタ町」と称した、九州ど真ん中の山間の町

馬見原は、かつて肥後と日向を結ぶ古道・日向往還の宿場町として発展した町である。交通の要衝であり山間の主要な交易地だったことから、物資の集散地・流通の拠点として、肥後藩はもとより九州の各藩の商人たちが集まり、江戸中期から明治・大正・昭和の初めにかけて繁栄を極めた。人と共に馬の出入りも多く、小高い丘に登って下を見ると必ず荷を運ぶ馬が見られたことが、地名の由来だ。

聞くところによると、この辺りは「九州のへそ」だそうである。確かに地図を見ると、九州のほぼ中央に位置する。町を流れる五ヶ瀬川の水は、最終的には東は太平洋に、西は有明海に流れて行くという。その五ヶ瀬川に沿って、白壁土蔵造りの瀟洒な商家が建ち並ぶ石畳の通りが、現在の馬見原商店街。かつては豪商の町として有名だった通りである。

明治時代の最盛期には、造り酒屋十六軒、芸妓置屋五軒、茶屋七軒をはじめ、さまざまな商家が軒を連ねていた。また大正時代には、回り舞台付きで七百五十人を収容できる御園座という劇場も建っていたというから、その繁栄ぶりがうかがえる。

歌人の若山牧水は十七歳の時にここを訪れ、「馬見原はシャレタ町なり」と日記に綴っている。当時の馬見原は「山間の小都会」といわれ、非常におしゃれな町並みだったらしい。現在も往時の名残を残す古い建物が数多く残っている。

ところで、この町を訪れたらぜひ見て欲しいものがある。馬見原商店街のはずれにある町のシンボル「馬見原橋」である。全長約三十八メートルの、唇のような形をした橋で、上が車のための橋で下が歩行者専用の橋。上橋の幅が五・八メートル、下橋の幅が七・五メートルで、上下の幅の差を利用して、歩行者は自然に下の逆さの「太鼓橋」に吸い込まれるような構造になっている。全国でも珍しいユニークな形状の橋だ。また、下の橋には大きなガラス張りの穴が二つあり、足元の真下に川面を見ることができる。ちょっと怖くて足がすくむが、なかなか見ることのできない貴重な光景である。

石畳が美しい、しっとりとした雰囲気の馬見原商店街

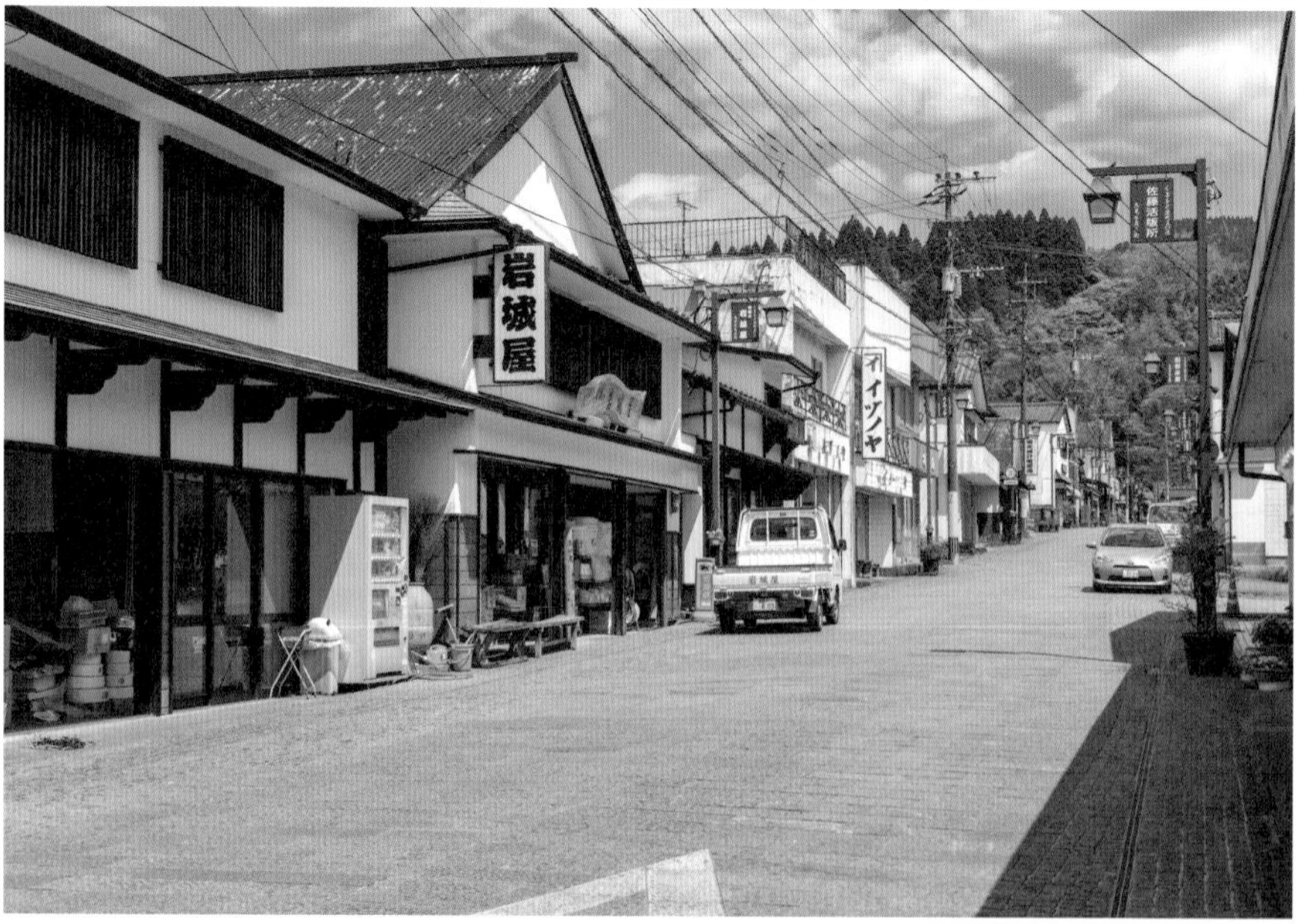

防犯パトロール実施中
あさり

唇の形をした、ユニークなフォルムの「馬見原橋」

馬見原随一の豪商「八代屋」、現当主で10代以上になる名家

明治22年に建てられた「新八代屋」。県下でも稀な土蔵造3階建で、主要部分にはケヤキを用いている

★馬見原への行き方
九州中央自動車道山都中島西ICより車で約40分

コラム

必見！　緑川流域の見どころ

肥後石工が生んだ芸術品「アーチ式石橋」

熊本県中部を流れる緑川流域には、八十以上もの大小さまざまなアーチ式石橋が残っている。

阿蘇大噴火によって形成された緑川水系一帯には加工しやすい熔結凝灰岩があり、優れた技術を持つ肥後石工の集団がいたことが、この地域に多くの石橋が架けられた要因といわれている。そのいくつかを紹介しよう。

まず、山都町の人気観光地として最も有名なのが「通潤橋《つうじゅんきょう》」。大きな水路橋から豪快な水しぶきをあげる「放水の橋」として知られる。完成したのは嘉永七（一八五四）年。四方を深い谷に囲まれたここ白糸台地は、かつて川からの水が引けず湧水のみで農業をしていた。この地に十分な水を送るために立ち上がったのが惣庄屋の布田保之《ふたやすの》助《すけ》だった。保之助は水路橋の架橋を計画し、総勢四十一名の優れた石工と住民たちの協力により、六千個の石を使用した石橋を建設し、壮大な送水システムを完成した。通潤橋から約六キロ上流にある取水口から円形分水を経て水を取り入れ、通潤橋の中の通水管を通って白糸台地へ流れ込み、棚田へと水を届ける方法である。このシステムは百六十年以上たった今も守り継がれている。

次に山都町から美里町に向かう坂道を登りきったところ、船津峡を大きく跨いで架かる「霊台橋《れいだいきょう》」。橋から川面まで十七メートルあまりあり、ビルの六階建てに匹敵する高さ。単一アーチ橋としては日本最大級の大きさを誇る。通潤橋より古く、弘化四(一八四七)年に竣工。左岸は切り立った崖、右岸は低い河原になっていてかなりの難工事だったらしく、大工四十四名、石工七十二名が工事にあたったという。

三つ目は美里町の中心部にある「二俣橋《ふたまたばし》」。九州中央山地に源を発した津留川と霊場釈迦院から流れる釈迦院川の二つの美しい川が交わる場所に架かる、そっくりの形をした二つの石橋で、それがL字型に交わっている。別名「兄弟橋」とも呼ばれ、実にユニークなそのフォルムに、訪れた人たちはあちこちの方向から眺めて驚嘆の声を上げていた。

緑川沿いには、他にもそれぞれ特徴のある石橋がたくさんあり、今も使われているものも多い。時間があればゆっくりと石橋めぐりを楽しみたい場所である。

広大な水路橋「通潤橋」

ビルの6階建てに匹敵する「霊台橋」

L字型に交わるユニークな「二俣橋」

宮崎

椎葉村十根川
細島
若山牧水生家
西米良村
日南市美々津
宮崎市保健所
中央保健センター
味いち
若草通商店街
宮崎市
折生迫
日南市飫肥
油津

細島《ほそしま》（日向市細島）

紀元前に端を発する、古さと新しさが同居する港町

話は遠い遠い昔、紀元前にまでさかのぼる。神武天皇が東征の旅に出た時のことである。美々津の港を船出した天皇は、出港して間もなく風向きが悪くなったため、近くの島の港に避難して時を待っていた。そのころ、海に巨大な鯨がいて漁民を苦しめていたことを知り、天皇は持っていた鉾を使ってこれを退治した。そして記念に、その鉾を島に置いて行った。漁民たちは喜んで、ここを鉾島と呼ぶようになった。その後「ほこしま」が転訛し「ほそしま」となった――細島の地名の由来である。

この伝説によれば、現在の細島半島は「島」だったことになるが、どうやら実際の話、大昔の細島は独立した島だったらしい。それがいつ、どのように地続きになったのかは定かでないが、確かなことは、それくらい古くからここに港があったという事実である。

日向湾に面した天然の良港である細島は、その後も時代の要求に応えながら着実に

繁栄の歴史を刻んでゆく。中世には対外貿易の中継港として、また江戸時代には幕府直轄の天領港となり、諸大名の参勤交代の江戸出府の際の出入港として発展した。さらに明治十年に始まった西南戦争では、有栖川之宮征討総督の御本営が置かれて官軍の拠点となり、多くの軍艦が細島港に入港し、ここは主戦場となった。

その後も、関西への定期航路開通、大阪商船の開業、臨海鉄道の開通、日豊線の全通などが続き、次々に需要は拡大し、細島は国内外の物流の拠点として大いに発展し、平成二十二年には国の重点港湾に選定され、現在も急速に整備が進んでいる。

現在の細島港は、日向灘の深い入江に沿って、古くから利用されてきた漁港（細島商業港）と、その北側に増設された細島工業港、および白浜港の三つの港から成っている。漁業は今も盛んで、漁港に水揚げされた魚は毎日、その場でセリにかけられる。昔から変わらぬ活気あふれる漁港風景だ。

町には港に沿って新しい湾岸道路が造られているが、その一本南側には古くから港へ通じていた道路が残っている。この道路沿いに、明治・大正の頃のにぎわっていた町の面影を偲ばせる妻入り、中二階建て、切妻造りの古い伝統的な建物があちこちに点在している。また、港から山側の斜面に沿って伸びる細い坂道の路地沿いには、昔ながらの密集した漁村集落が残る。その懐かしい光景と、先進の国際的な貿易港との、相反する絵面が絶妙にマッチした風景は、古さと新しさが同居する、細島ならではの魅力といえるだろう。

高鍋藩主の参勤交代の宿だった「旧高鍋屋」。今は
「細島みなと資料館」として一般公開されている

「有栖川征討総督殿下本営跡」

「苫屋」の屋号を持つ細島屈指の商家「関本勘兵衛家住宅」

ミモザ美容室

たばこ
MIYAZAKI
PREFECTURAL
POLICE
COME ON

歴史を感じさせる和菓子屋さん「たいせい堂」。
今も営業している

日向灘に面した天然の良港、細島港

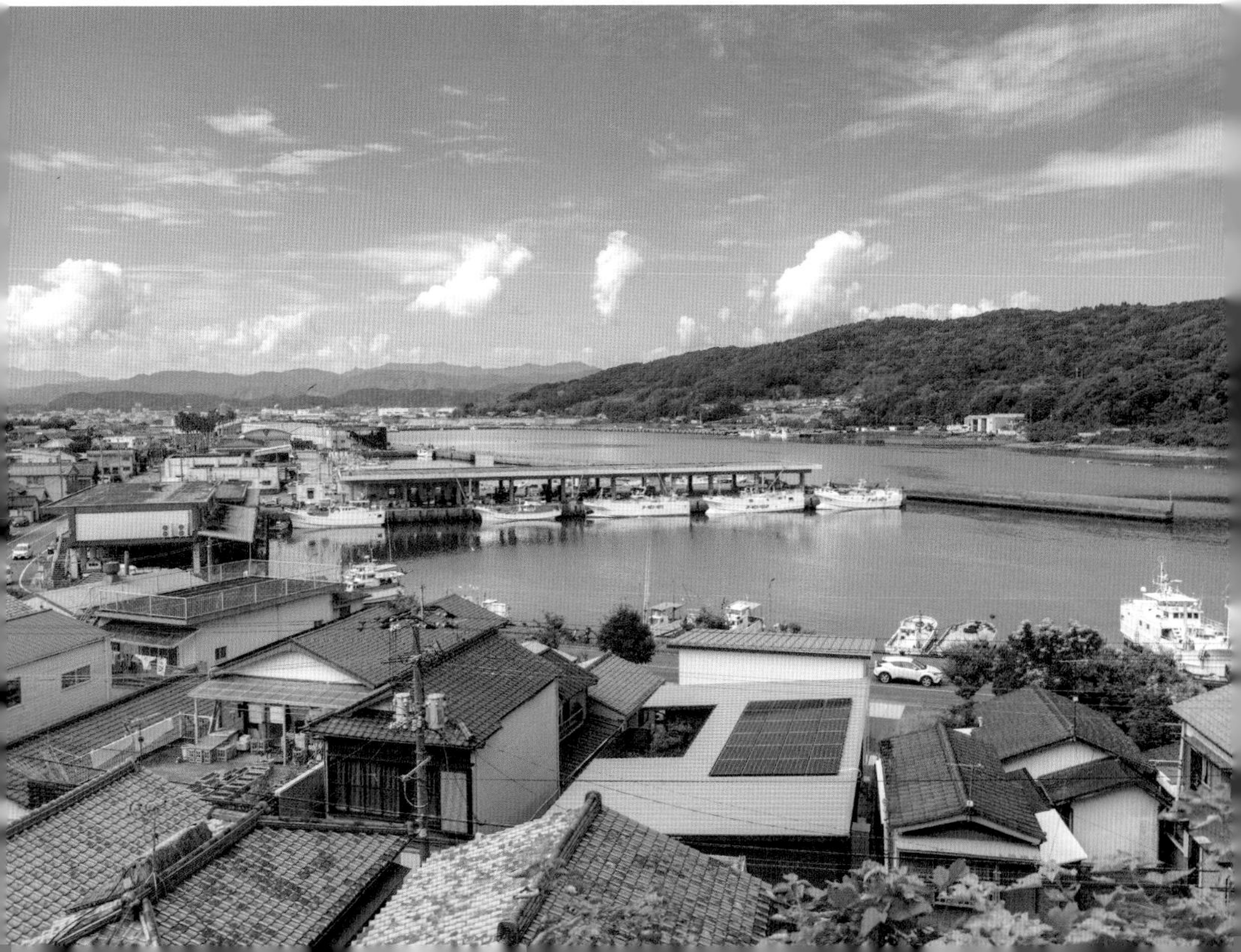

漁港から山側に伸びる坂に沿った路
地には、漁村集落が密集している

港に水揚げされた魚たちはすぐにセリにかけられる

日向市細島みなと資料館
住所：日向市細島803-1
電話：0982-55-0329
開館時間：9：00～16：30
定休：月曜日、年末年始
料金：大人220円、小・中・高校生：110円

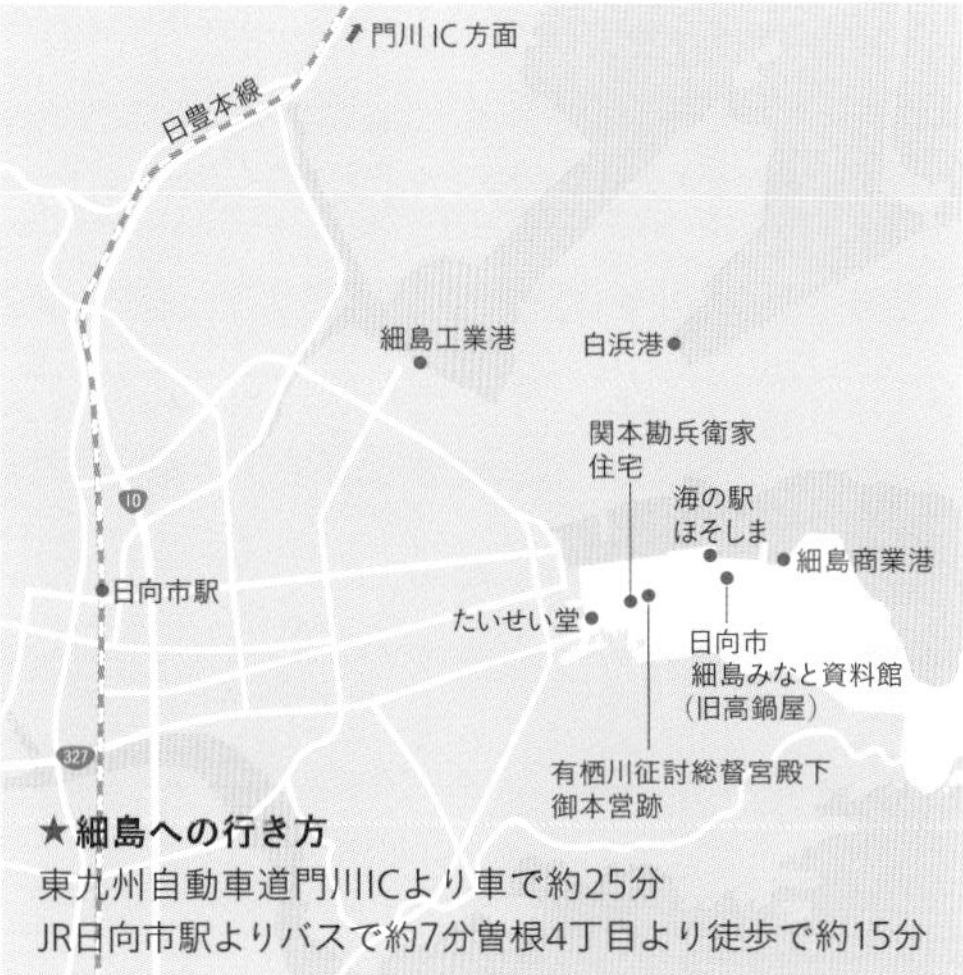

★細島への行き方
東九州自動車道門川ICより車で約25分
JR日向市駅よりバスで約7分曽根4丁目より徒歩で約15分

おすすめランチ

●こなます定食

日向市漁協直営のレストラン、海の駅ほそしまでは、地元の魚や郷土料理が味わえる。こなますとは、ご飯とカツオの刺身を混ぜ合わせて炙ったおにぎりで、地元に伝わる漁師飯。まぐろの胃袋「ごんぐり」のかき揚げにもチャレンジしたい。

「海の駅ほそしま」
日向市細島769-4

著名人の生家を訪ねて

若山牧水生家

生涯旅を愛した歌人が、多感な幼少年期を過ごした家

若山牧水は明治十八年八月二十四日、坪谷で医者をしていた立蔵と妻マキの間に生まれた。明治三十二年、延岡中学（現在の延岡高校）の第一回生として入学。二年の時初めて歌を作り、校友会誌に投稿したのを皮切りに、在学中に五百首以上の歌を新聞や雑誌に投稿した。「牧水」の雅号をつけたのは中学五年の秋である。

大学は早稲田に入り、北原白秋と同期で同じ下宿に暮らした。卒業後、歌集を二冊出したが売れず、全部古本屋に売るという苦い経験をするが、明治四十三年に出版した第三歌集「別離」が売れて一躍歌壇の花形に。大正の半ばにはさらに名声が高まり、日本を代表する歌人となった。

生涯、旅を愛し旅先で歌を詠み続けたため、日本各地に歌碑があることで知られる。しかし大の酒好きで、

一日一升の酒を飲んだと伝えられ、昭和三年、長年の飲酒による急性胃腸炎と肝硬変を併発し、四十三歳という短い生涯を閉じた。

　坪谷川のほとりにある生家は、牧水が生まれてから中学に入るまで家族と過ごした家である。一八四五年に祖父健海によって建てられ、一階は当時医院として使われていた。築一七〇年を超える生家は、当時の面影をそのまま残し、宮崎県の史跡に指定され、一般に公開されている。

住所　日向市東郷町坪谷3
入館料　無料
開館時間　9：00～17：00
休館　月曜日、年末年始

西米良村《にしめらそん》（児湯《こゆ》郡西米良村）

今も名君・菊池公の遺徳が息づく、かりこぼうずの村

西米良村は、宮崎中心部から西の山間部に向かって車で約二時間、熊本県との県境にある村である。九州山地の真っ只中にあり、総面積の九十六%を森林が占める。村民数は約一千人と県内で最も人口が少ない。環境上林業が盛んだが、珍しいのは、多くの村民が自分の山を持っていて、村の森林はほとんど民有林であること。これは版籍奉還の際、当時十七代米良領主だった菊池則忠《のりただ》が、自分の所有地を全て村民に分け与えたためだ。菊池公はこのほかにも、村民の子弟の教育のために弘文館を開く（後に米良小学校となる）など、領民のためにさまざまな善政を敷いた名君で、西米良村の人々は今もこの殿様を敬愛してやまない。村の中心に、自分たちの力で菊池公を顕彰する「菊池記念館」を建て、その生涯を辿る遺品や書簡などを展示している。

実はこの村を訪ねる前に資料等を調べた際、「西米良村は名君菊池公の遺徳が今な

お息づく村」といったフレーズを何度か目にした。記念館や銅像にそれは見られるものの、今を生きる人々のどこにどうそれが息づいているのか、半信半疑なところがあった。が、村を歩いていてすぐにそれに気づいた。村民たちの態度である。お年寄りは皆元気で朗らかで親切。男の子たちは、すれ違う時は必ず立ち止まって帽子を脱ぎ挨拶をする。女の子も微笑んで深々とお辞儀をする。なんと通り過ぎる車にさえ必ず頭を下げて挨拶するのだ。これには正直驚いた。敬愛する名君の領民に相応しい人間であろうとする――なるほど遺徳が息づくとはこういうことなのか。案外、日本もまだ捨てたもんじゃないな、と嬉しくなった。

さて、菊池公の話が長くなったが、西米良村には他にもおすすめしたい見どころがいくつかあるのでご紹介しておこう。まず、村のシンボルともいうべき「かりこぼうず大橋」。「かりこぼうず」とは、春から秋までは川に下って水の神に、秋から春までは山に登って山の神になると伝えられる森の精霊、村の守り神のこと。米良の名峰三山をイメージした三角の形がユニークな、世界最大級の木造車道橋である。

もう一つ「小川作小屋村」も外せない。小川地区は二百年間米良領主の居城のあった場所で、今はここに村の原風景ともいうべき作小屋を残し、宿泊や食事のできる施設として公開している。我々が訪れた時は、残念ながらまだ台風被害からの修復工事中だったが、機会があればぜひもう一度訪ねたい。そして、初対面の旅人に笑顔で挨拶してくれるあの子供たちに、また会いたいものである。

西米良村は、総面積の96%を森林が占めている

Panasonic
セレス かわぐち
西米良店
Panasonic

米良のシンボル「かりこぼうず大橋」。
かりこぼうずは山から川へと下る米良
の守り神。宮崎県産の杉材をふんだん
に使った世界最大の木造車道橋である

旧米良領主の居城址、小川地区。今も残る「作小屋」では、宿泊や食事もできる

菊池記念館
住所：児湯郡西米良村村所2-2
電話：0983-36-102
開館時間：9：00〜16：30
定休：12月29日〜1月3日

記念館の庭にある、名君菊池則忠の銅像

★西米良への行き方
九州自動車道人吉ICより車で約60分

米良神社大祭（めらじんじゃたいさい）

西米良村小川地区の鎮守である米良神社に古くから伝わる神楽。五穀豊穣や生活の安泰を祈って捧げられるもので、毎年十二月に「小川神楽」と呼ばれる夜神楽が奉納される。米良神社の御祭神である「磐長姫命」の舞や鎌倉時代の面と伝わる「菊池殿宿神」の舞を含む三十三番の神楽が夜を徹して舞われる。小川神楽は、歴史と伝統を感じさせる古式ゆかしき神事だ。国選択重要無形民俗文化財「米良の神楽」の構成団体の一つである。

開催時期　毎年12月の第2土曜
開催場所　米良神社（児湯郡西米良村大字小川988）

写真提供：西米良村役場

折《お》生《りゅう》迫《ざこ》（宮崎市青島）

古き良き港町の佇まいを残す、河口に伸びる漁港の町

鬼の洗濯板で有名な青島から県道三七七号線を南下し、青島漁港に向かって歩いていくと、何本もの細い路地に沿って昔ながらの漁村がびっしりと密集している集落にぶつかる。この一帯が折生迫地区。青島漁港ができる前は折生迫港と呼ばれ、突浪川の河口港だった。ここは近海の沿岸漁業が中心で小型の漁船が多いため、一年を通して様々な種類の魚が獲れ、県内でも漁獲量の多い港として知られる。現在の名前は青島漁港。突浪川の両岸には数多くの小型漁船がつながれ、古き良き港町の佇まいを残している。

今は人通りも少なく、静かでのんびりとした時間が流れる折生迫だが、港町としての歴史は古く、安土桃山時代には宮崎城主・上井《うわい》覚兼《かくけん》の日記に、琉球の船が出入りしていたという記述が残っている。江戸時代には薩摩藩の廻船なども立ち寄って隆盛を

極め、通りには酒屋や遊廓などもあって大いににぎわっていたという。

そんな華やかだった頃に思いを馳せながら、対岸を眺めつつ、突浪川に面した広く長い護岸を歩く漁港散策は、なかなかに趣きがあってお勧め。特に、三七七号線の突浪橋から見る漁港と護岸の眺めは素晴らしく、一見の価値がある。

護岸の中ほどにある、赤い鳥居が一際目立つ「天神社」は、小さいけれど折生迫の漁民たちに昔から大切にされてきた海の守り神だ。毎年七月に行われる青島神社の「海を渡る祭礼」では、浜下りの夜に御神体が折生迫に渡御し、この天神社で一泊し、翌日、大漁旗をなびかせた漁船団に守られて海上を帰還する。

河口に生まれ、川に沿って伸びた漁港の町・折生迫は、人の暮らしの温もりに満ちた、懐かしさと親しみやすさを感じさせる町である。

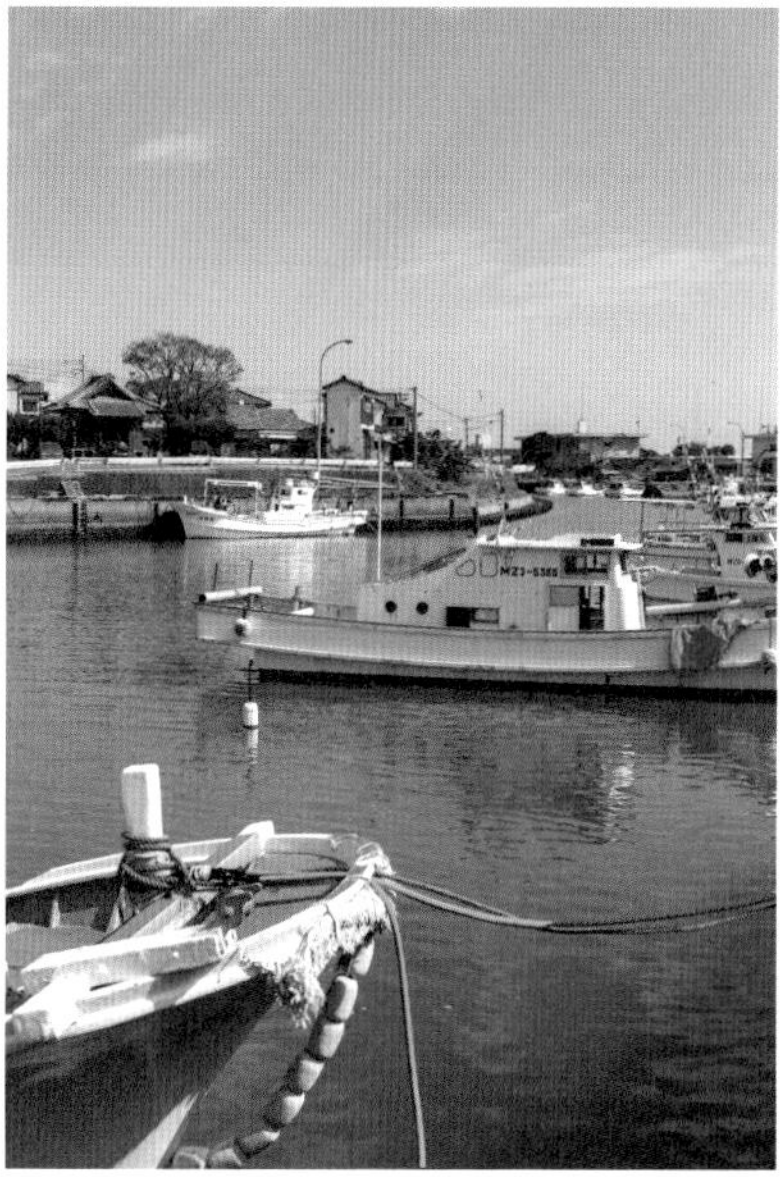

建朝丸
MZ3 1013

折生迫漁港は、突浪川に沿って細長く伸びている。赤い鳥居は天神社

細い路地沿いに密集する漁村集落

漁協直営のレストラン「港あおしま」越しに青島漁港が見える

青島漁港

青島観光インフォメーション
住所：宮崎市青島2-12-1
電話：0985-65-1145
営業時間：9:30〜16:00
定休：12/29〜1/3

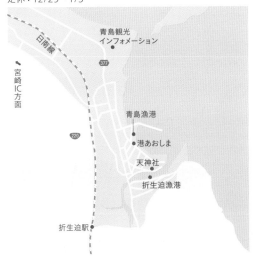

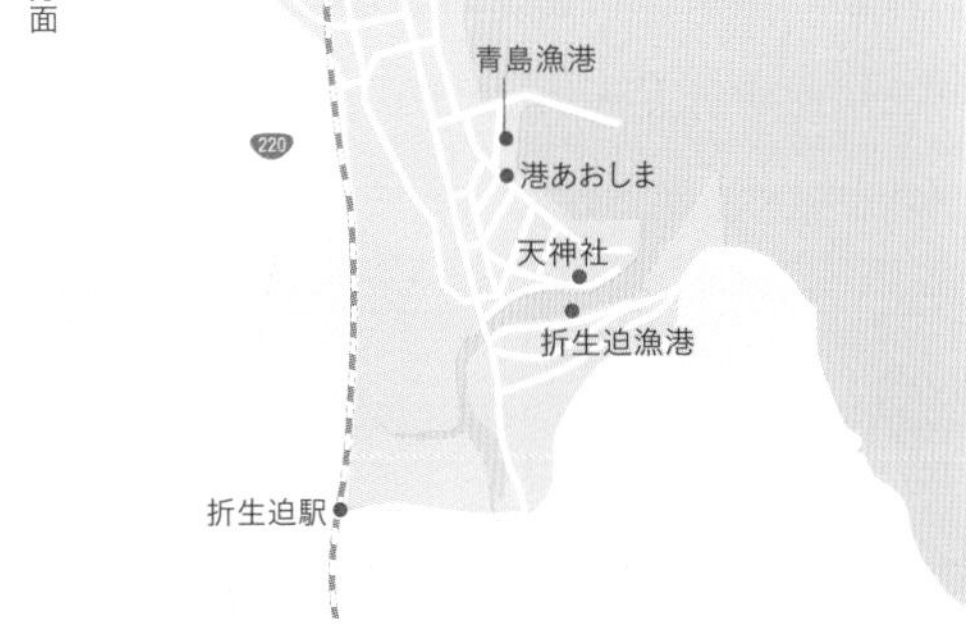

★折生迫への行き方
宮崎自動車道宮崎ICより車で約20分

ノスタルジック商店街

若草通商店街（宮崎市）

おしゃれで個性的な人や物が集まるファッションストリート

ＪＲ宮崎駅から歩いて約十分の場所に、ブティックや雑貨など、ファッションに関するお店が多く集まるアーケード街「若草通商店街」がある。歴史は古く、個性ある人や物が常に集まり、新しい文化や情報を宮崎の人々に向けて発信してきた。

若草通のアーケードを歩いていると、「楽しいお買い物　文化ストリート」と書かれた味わい深いレトロな看板を見つけることができる。かなり道幅の狭い路地が奥まで続いている。勇気を出して足を踏み入れると、ディープな路地裏商店街が広がっている。所々に閉店したまま放置されたお店があるのが少し寂しいが、今でもいくつかの店舗ではそれぞれの独特なセンスでお店を営んでいる。

わが町自慢の
市場食堂

味いち 中央市場店

（宮崎市新別府町雀田1185）

「宮崎の台所」で働く人御用達

宮崎の中央卸売市場は青果、水産、花き部門が整備されており、市民のみならず県民の食糧を担う重要な流通拠点となっている。場内には商店街があり、食品、雑貨、飲食店が雑然と立ち並ぶ様子はまるで昭和にタイムスリップしたような雰囲気。地元のみならず観光客からも支持があつい。毎月第一、第三土曜には「カンカン市」という催しも行われ広く一般向けに開放されている。

この市場で働く人が頼りにしている食堂が、「味いち」だ。新鮮な刺身や貝汁など市場らしいメニューはもちろん、焼き魚、とん汁、あじフライなど、毎日通っても飽きない品揃えが魅力だ。食べながら、次は何を食べようかと考えてしまうのが楽しい。

営業時間 平日5時30分～14時、水曜・日曜・祝日休

名画名作の舞台を訪ねて

『ひまわりと子犬の7日間』（宮崎市）

原案 山下由美「奇跡の母子犬」
映画 平町恵美子監督・二〇一三年

命の期限は七日間。奇跡を起こした保健所職員と母子犬の実話

二〇〇七年に宮崎中央保健所で起きた実話をもとに制作された映画。原案は山下由美のブログ「動物たちの未来のために」に発表されたもので、全国で話題となり、松竹が映画化をオファーした。

――ある寒い冬の日、母犬と生まれたばかりの子犬が宮崎の保健所に収容された。母犬は子犬を守ろうと、近寄る人全てに激しく吠えたてていた。保健所の職員・神崎は、日頃から一匹でも多くの犬を助けようと里親探しに奔走していたが、この母犬の強い母性を目にして、かつて人に飼われ、愛されていた犬だと確信する。そして母犬に「ひまわり」と名付け、なんとか母子を助けようと決心する。だが、犬たちの収容期間

は七日間。その間に飼い主を見つけ、ひまわりを手なづけなければならない。神崎は必死で飼い主を探し、頑ななひまわりの心を開かせようとするが、犬たちの命の期限は刻一刻と近づいていた――

神崎役は堺雅人、妻・美久を中谷美紀が演じている。

宮崎市の保健所。保健所でのシーンは実際にここで撮影された

ロケ地として使われた宮崎市内の高松橋。神崎が自転車でこの橋を渡るシーンが撮影された

油津《あぶらつ》（日南市油津）

昔マグロ漁に沸いた港町、観光地として再び脚光をあびる

油津という町は、かつて宮崎県南部でもっとも華やかな町だった。油津港は遣唐使の時代から日本と中国大陸をつなぐ貿易の中心地だったし、江戸時代には伊東氏の飫肥藩領となり、当時造船用として盛んに利用された飫肥杉の積出港として栄えた。明治期には近畿地方への直行航路が開かれ、九州南部における重要な輸送拠点となった。そして昭和八年から十五年頃にかけて、油津港はマグロの豊漁に沸いた。全国から五百隻ものマグロ漁船が集まり、一日の水揚げが一億円をこえる日もあり、日本のマグロ相場は油津によって決まるとまでいわれた。

しかしそんな栄華を極めた油津も、いつしか時代に取り残され、かつての活気を失い、今はひっそりとした静かな町になった。だが、通りや路地に残る伝統的な古い建物や昔ながらの港町らしい風情が、懐かしさを誘う。それにしても、かつて繁栄の時

代を経験しながら、いつか走り過ぎる時の流れに置き去りにされた町というのは、なぜこんなにも不思議な魅力を放つのだろう。人はそこに心動かされる歴史的価値を見出しつつ、止めることのできない栄枯盛衰の流れを感じるせいだろうか。

そんなことを考えながら油津の町を歩いてみる。この町を散策するには、まず町のシンボル堀川橋の袂にある「堀川資料館」から始めるのが良いだろう。地元の飫肥杉材を使って建てられた瀟洒な古民家風の二階建ての建物で、館内に油津を歩くための観光案内などが置いてある。

資料館の前に流れているのが「堀川運河」。この運河は、飫肥杉の搬出のために北側にある広瀬川と油津港をつないで開削されたもので、天和三（一六八三）年十二月に開削工事が始まり、三年後の春に完成した。その堀川に架かって東西をつないでいる石造のアーチ橋が「堀川橋」。明治三十六年に完成した。『男はつらいよ〜寅次郎の青春』の撮影がこの一帯で行われた。資料館にはこの時の撮影風景の写真が数多く展示されている。

堀川橋の西の袂には、油津の名の由来となった赤い鳥居の「吾平津《あひらつ》神社」（通称乙姫神社）がある。主祭神は吾平津媛。神武天皇が日向にいた頃の妃である。二人の皇子が生まれ、天皇は皇子と共に日向を出発して東遷の旅に出たが、吾平津媛は同行せず、油津に残って東遷の成功と道中の安全を祈ったという。

堀川橋の袂から南下し、堀川運河の東側へ歩くと、幾つもの小さな路地が交差している地域に出る。この路地沿いには今も古い建物がけっこう残っている。この辺りがかつての繁華街だったようで、現在の油津一丁目、二丁目という住所になる前は、上町、中町、下町と呼んでいた。古い町にはよくある話で、自治体としては便利になったのだろう。だが個人的には、そこが昔どんな町だったのか、何のよすがも残さないドライな住所表示を見ると、実に残念な気がする。だから地元の人々が、新しい住所を無視して、頑固に昔のままの地名で会話しているのを見ると、よそ者ながら何だか応援したくなる。

さて、堀川運河の東側の町並みだが、現在は町の中心を真っ二つに切り裂くように国道二〇二号が通っている。この国道沿いに建つ杉村金物本店は昭和七年の建築。外観は現在もほぼ建築時のままで、昭和初期における木造三階建て住宅としては極めて貴重で、登録有形文化財に登録されている。油津一丁目の路地に入ったところには「油津赤レンガ館」がある。大正十年築でこれも有形文化財。平成二十二年に日南市に寄贈され、一般公開されている。

ぐるりと油津の町を歩いてみて思った。ここは実にいい町だ。時代に置き去りにされたままではあまりにもったいない。果たして、そう思う人がやっぱりたくさんいたのだろう。最近では、堀川運河と堀川橋、その周辺の町並みの素晴らしさが見直され、観光に訪れる人が増えてきたという。昔はマグロ漁で沸いた港町として、そして今では宮崎南部を代表する観光地として、油津は再び注目を浴びている。

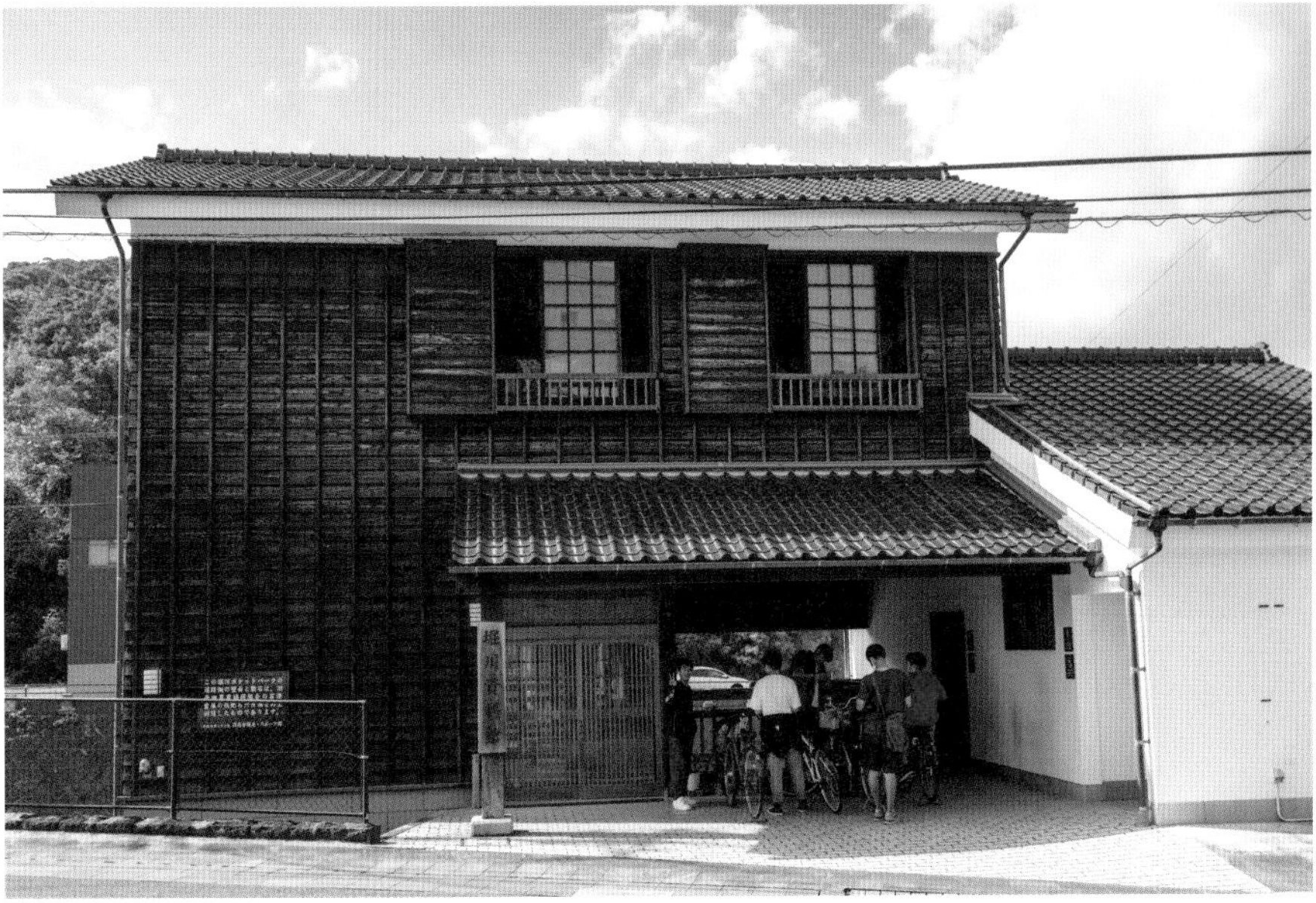

堀川資料館。油津の町歩きは、ここで観光パンフレットをもらってからスタート

資料館の裏手は堀川運河に面している

油津の街の象徴、堀川運河
と堀川橋。堀川運河は飫肥
杉の運搬のために作られた

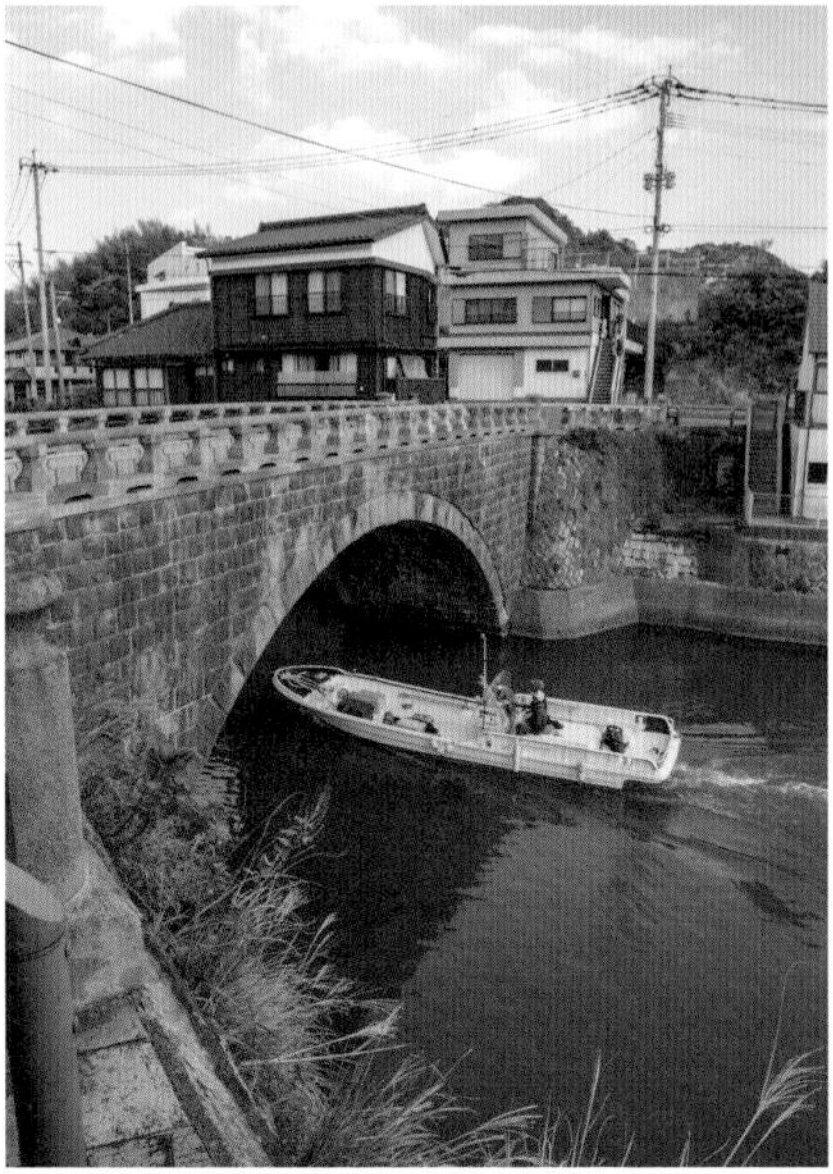
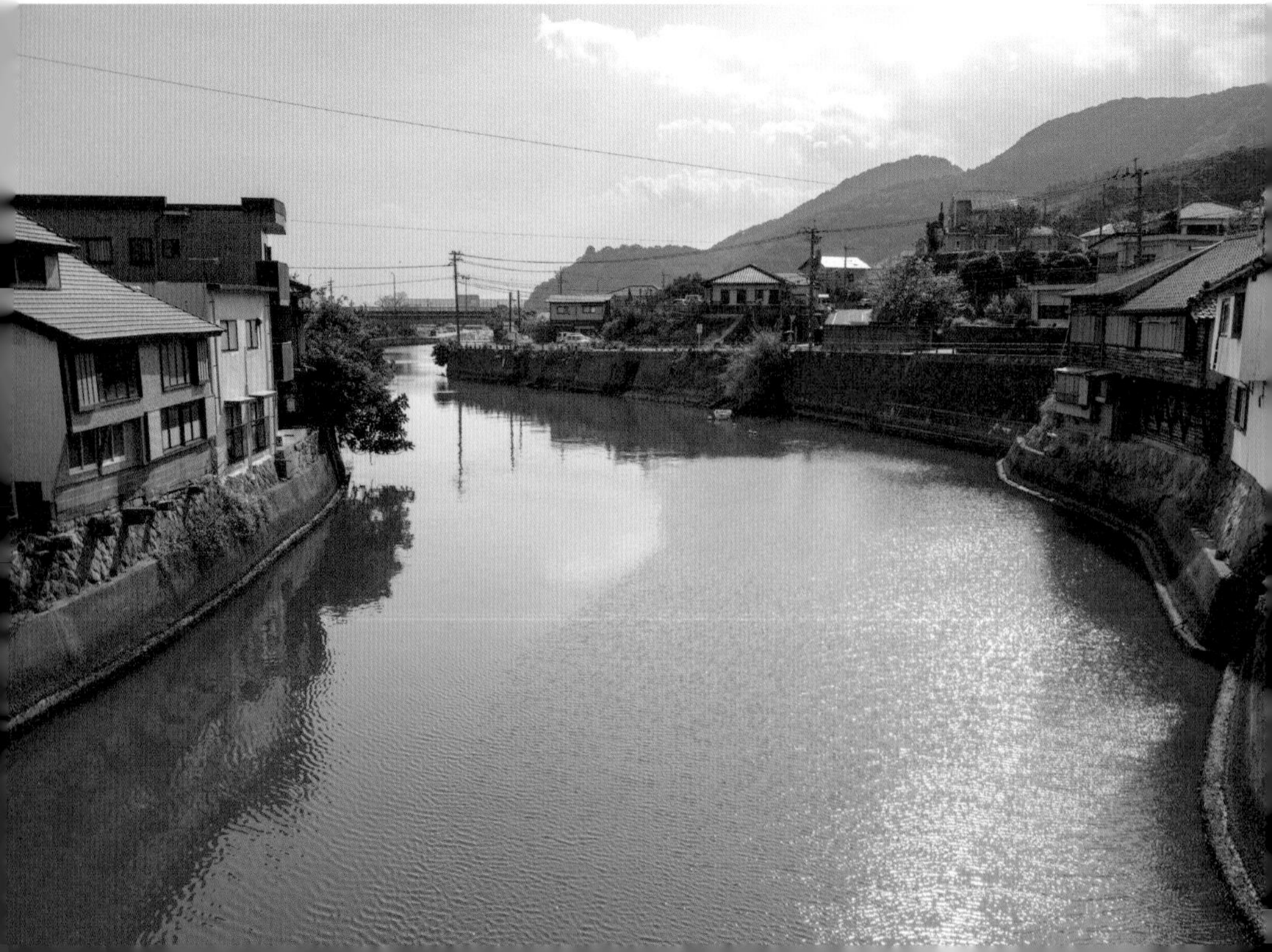

杉村金物本店。昭和7年に建てられた木造3階建ての建物

大正10年築の油津赤レンガ館

油津港は昭和初期、空前のマグロ景気に沸いた

神武天皇の妃・吾平津媛を祀る「吾平津神社」

堀川資料館
住所：日南市油津1-1-3
電話：0987-31-0606
開館時間：10：00〜16：00
定休：年末年始

★油津への行き方
東九州自動車道日南東郷ICより車で約10分JR日南線油津駅下車徒歩で約15分

おすすめランチ

●チキン南蛮
宮崎の名物・チキン南蛮。発祥の店、定番、老舗、新風と、宮崎では様々な店で味わうことができる。オムライスの品揃えが豊富な洋食の店「イーハ・トーヴ」でもチキン南蛮は人気メニュー。甘酢と自家製タルタルソースがクセになる美味しさだ。

「シーサイドレストラン イーハ・トーヴ」 日南市石河588-125

重要伝統的建造物群保存地区

日向市美々津《みみつ》（港町）

昭和61年12月8日選定

日向市の南部に位置する美々津町は、耳川河口の地形により古くから港町として栄えた。古代には、初代天皇である神武天皇が宮崎から東（奈良）に遷る際に出発したのがこの美々津の港と伝わっており、日向神話の舞台としても知られる。

室町時代には日明貿易港、江戸時代には高鍋藩の上方交易港として重要視された。物資の流通拠点としての役割は明治以降も続き、廻船問屋が軒を連ねていたため、今でも江戸末期から昭和までの様々な建物が多く残されている。「美しい日本の歴史的風土百選」に選ばれている。

重要伝統的建造物群保存地区

日南市飫肥《おび》（武家町）

昭和52年5月18日選定

宮崎県南部、日南市の中央に位置する飫肥は、九州の小京都ともいわれる。戦国時代から明治まで、伊東氏が治めた土地であり、江戸時代には飫肥藩五万一千石の城下町として栄えた。城の三方を囲むように酒谷川が流れる。その河口にある油津とは船運で結ばれており、飫肥杉を運び出す拠点としても重要な位置にあった。

江戸時代初期の地割を今でもよく残していて、城に近い方から、上級家臣、中級家臣、町民、下級家臣の順に配置されていた。特に、道幅が当時のままのため、街路に面した石垣、生垣、門などが保存され、武家の街の歴史的景観をよく現している。格式に応じた門構えと、石垣の上にお茶などの生垣を施しているところが武家屋敷の特徴である。

城内には歴史資料館があるほか、かつての町人街のエリアには茶店や酒屋、名物おび天が食べられるお店など街歩きを楽しめるお店も多い。

重要伝統的建造物群保存地区

椎《しい》葉《ば》村《そん》十《と》根《ね》川《がわ》（山村集落）

平成10年12月25日選定

椎葉村は宮崎県北西部にあり、村域の95%以上が山林で、集落は斜面に張り付くように点在するのみ。そのうち、十根川集落と大久保集落を合わせて、「椎葉村十根川」として重伝建に指定されている。

宅地や農地、街路も斜面に築くための工夫として、石段や石垣が各所で使われている。この石垣が十根川最大の特徴であり、山村集落の佇まいを際立たせ、独特の景観を生み出す要因となっている。住居自体もユニークで、斜面に効率よく建てるために横に細長い平家となっている。この様式は「椎葉型」と呼ばれるほど他にはない独自性をもつ。静かな山間でひっそりと、しかしどっしりと構える石垣をながめていると、ここで暮らしてきた人々の逞しさが伝わってくるようだ。

鹿児島

出水市出水麓
寺島宗則生家
薩摩川内市入来麓
薩摩海食堂
福山
市比野温泉
鹿児島市
一番街商店街
南さつま市加世田麓
小浦
秋目浦
鰻温泉
南九州市知覧
伊座敷

小浦《こうら》（南さつま市笠沙町《かささちょう》）

神話伝説が伝わる石垣の里

神話の天孫降臨に深く関わる場所といわれる笠沙《かさ》。宮崎の高千穂に降り立ったニニギノミコトがたどり着いた場所で、この地にある野間岬が神話にある笠沙ノ岬であるという説もある。真偽は定かではないが、実際に笠沙に行ってみると、さもありなんと思えてくる。

笠沙は、薩摩半島の西端、野間半島の北側海岸線あたりの地域を指すのだが、かなり交通の便が悪い。鉄道は通っておらず、車でしか行くことができない。そして、実際に笠沙の集落に足を踏み入れてみるとわかるが、山が海に迫っているために平地が少なく、ほとんどの集落が斜面にあって周囲と隔絶されている。果てしない海が目の前に広がり、たしかに神話の伝説が生まれそうな雰囲気はある。

またこの笠沙は、神話伝説のほかにも石垣の里が数多あるところとしても知られている。前述のように急峻な地形がゆえに、人々は斜面に石垣を造ることによって生活の場所を確保してきた。先人の知恵と技術によって積まれた石垣は、笠沙の小浦、片浦、大当、黒瀬、谷山などの集落に今もしっかり残っている。

その中の一つである小浦集落に足を運んでみた。秡川《はらいがわ》河口の小浦港を囲むように小高い丘の上まで家々が立ち並ぶ。その家々を縫うように広がる細い道を登っていく。道の両側には、どこまでも重厚な石垣が続く。これだけの数の石垣を造るにはいったいどれほどの時間と労力がかかったのだろうかと思うと気が遠くなる。二十分ほど歩いただろうか。道が行き止まりとなり、ここが集落の一番高いところであることがわかった。息を整えながら、ふと振り向くと、眼下に小浦港とその先に広がる東シナ海が目に飛び込んできた。蒼く光る海と空を借景に、小浦集落の石垣が黒く鈍い光を放っている。

港まで降りて、今度は坂を登らずに、集落をぐるりと回ってみる。途中、三叉路にある石敢當《いしがんとう》を見つけた。沖縄だけの魔除かと思っていたが、ここ鹿児島にもあるらしい。さらに歩を進めると、家屋が撤去されて土地だけが残っている区画をいくつか見つけた。この集落も過疎化が進んでいるのだろうか。誰が植えたのだろう、あるいは前にあった家の置き土産なのか、きれいな花が海風に揺れていた。

集落の至る所にある石垣

集落の高台から見下ろす小浦港

集落の三叉路にあった石敢當

荒れた宅地に残る古い井戸

★小浦への行き方
九州自動車道鹿児島ICより車で約60分

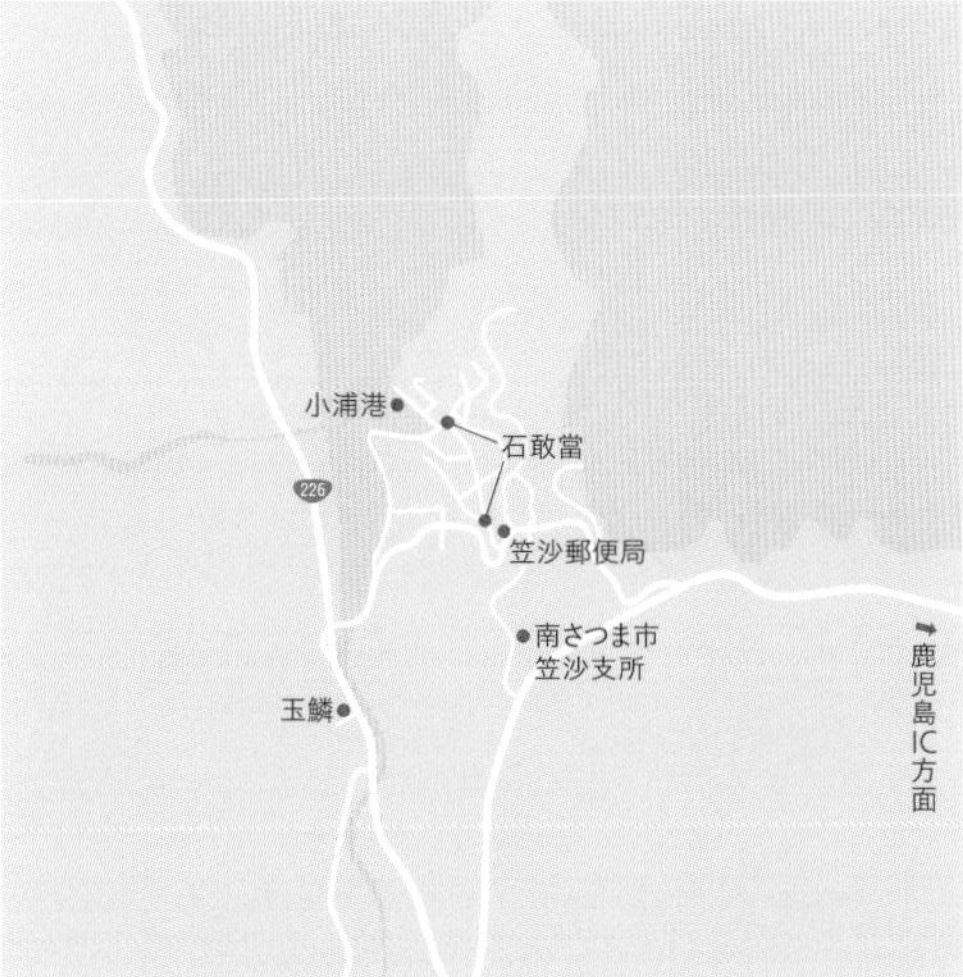

おすすめランチ

●地魚定食

笠沙町の片浦港に水揚げされる魚介を使った漁師町ならではの食事を提供している玉鱗。笠沙沖の旬の魚を使った刺身や煮付けが楽しめる「地魚定食」が人気。別名を薩摩甘海老とも呼ばれるタカエビの刺身もおすすめだ。

「お食事処 玉鱗」
南さつま市笠沙町片浦2306-13

名画名作の舞台を訪ねて

『007は二度死ぬ』（坊津町秋目）

映画　制作：アルバート・R・ブロッコリ・一九六七年

日本を舞台にした大人気シリーズ五作目のロケ地

一九六二年に第一作が発表された映画「007シリーズ」。現在まで（二〇二三年七月時点）二十五作品がつくられる大人気シリーズとなっている。そのシリーズ五作目となる「007は二度死ぬ」で、多くのシーンのロケが行われたのが鹿児島である。

米ソの宇宙カプセルが次々に軌道から消えていくという怪事件が起こる。米ソは相手国の仕業と疑い、国際的な危機が高まる。イギリス情報部が調べてみると、妨害ロケットが日本から発射されていることがわかった。その秘密をさぐるためにジェームス・ボンドが日本に送り込まれる。日本のある島の火口湖の底に敵の秘密基地を発見したボンドは、危険を顧みずにその中に潜入。悪戦苦闘しながらも最後は敵に勝利する。も

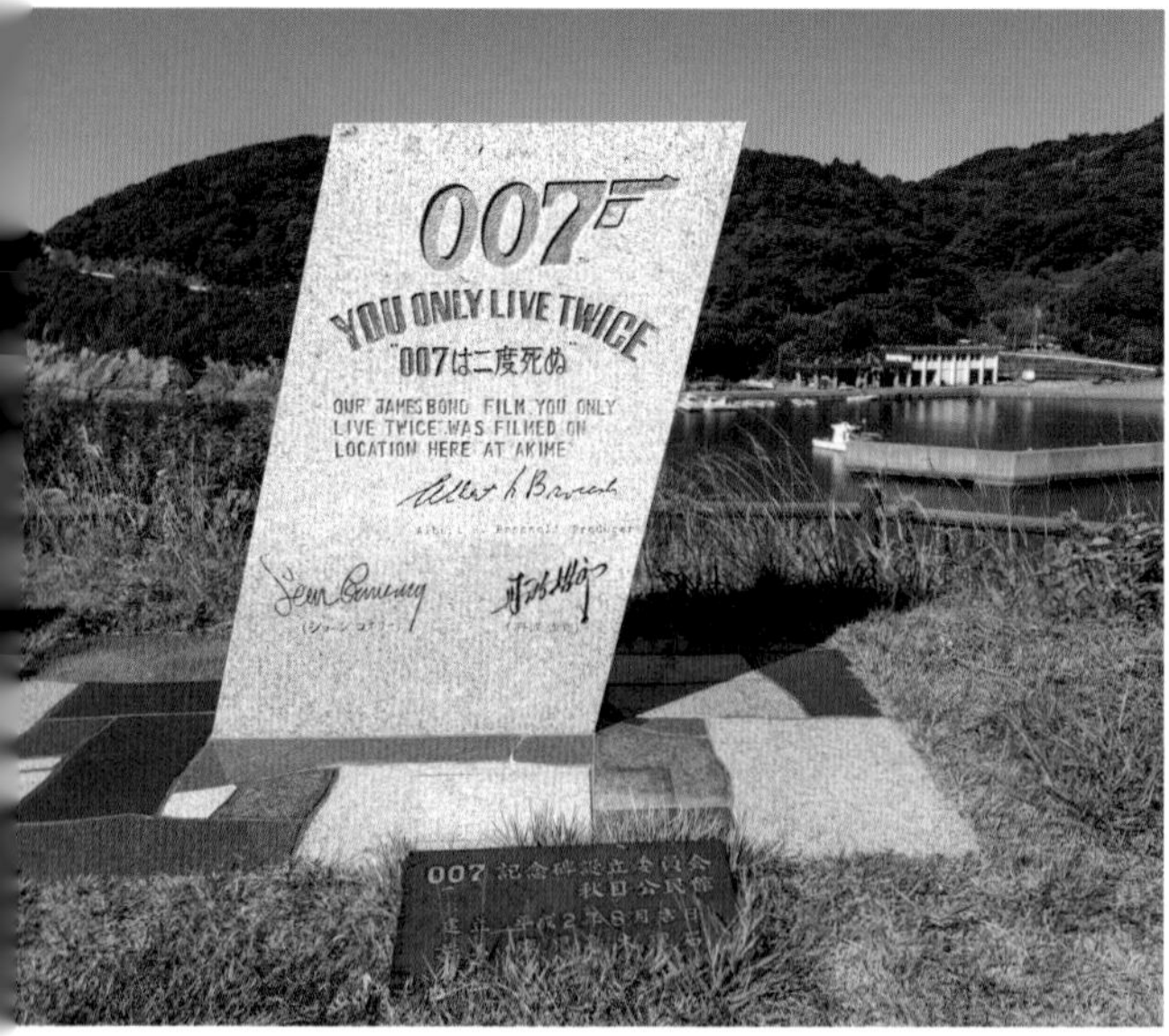

秋目の海岸を見下ろす高台にある「007は二度死ぬ」撮影記念ロケ地の碑

ちろん、ボンドガールたちとの甘い恋物語もふんだんに盛り込まれている。

　この映画の主演はショーン・コネリー。ボンドガールに扮したのは若林映子と浜美枝。日本の秘密諜報機関長として丹波哲郎が出演している。浜美枝とショーン・コネリーが出会うのが坊津秋目の海岸、偽装結婚をして暮らしていたのは秋目の民家、そしてロケットが発射される敵の秘密基地があった場所として、新燃《しんもえ》岳《だけ》と韓国岳《からくにだけ》がロケ地になっている。

　海外の大物俳優と日本の人気俳優が来るとあって、撮影時の坊津秋目は大変な騒ぎだったという。現在は、秋目の海岸近くに、ロケ地記念の碑が建っている。

ショーン・コネリーと浜美枝が出会った秋目浦

偽装結婚をしたショーン・コネリーと浜美枝が暮らした家も、実際の地元の民家が利用された

コラム

温泉たまごが美味しい西郷どんゆかりの温泉

鰻《うなぎ》温泉（指宿市山川成川）

砂蒸し風呂で有名な指宿温泉地区の西部にある鰻湖《うなぎ》。かつて大きな鰻がたくさんとれたことでこの名がついたといわれる。朝夕には湖面がやさしく輝き、その神秘的な雰囲気が観光客の人気となっている。この鰻湖のほとりにある温泉場が「鰻温泉」だ。指宿地区ではめずらしい単純硫黄泉で、お湯の肌あたりがやわらかく、あせもなどの皮膚病に効果があるとされている。

実はこの温泉、鹿児島の偉人・西郷隆盛とゆかりがある。西郷がこの温泉に逗留しているとき、佐賀の乱を起こした江藤新平が西郷を訪ね、激論を交わしたという史実が残っている。その史実をもとに「西郷どんゆかりの湯」という公衆浴場がつくられ

ている。

鰻温泉地区では、いたるところから蒸気が吹き出しており、その噴出する温泉蒸気を、野菜などを蒸したりするのに利用している。この温泉蒸気でつくられる温泉たまごが絶品だ。共同浴場で卵を購入し、かまどの温泉蒸気にあててしばらく待てば、おいしい温泉たまごができあがる。

神秘的な鰻湖畔を散策し、温泉にゆっくりつかったあとは温泉たまごに舌鼓み。鹿児島旅行のちょっとしたアクセントになるのでは。

営業時間 8:00～20：00
休業日 毎月第一月曜日、元日
料金 大人200円
連絡先 0993-35-0814
交通 JR山川駅から車で約15分

伊座敷《いざしき》（肝属《きもつき》郡南大隅《おおすみ》町佐多伊座敷）

おだやかな海が心を癒す小さな港町

錦江湾《きんこうわん》の東側にある薩摩半島と対をなすように海に突き出ている大隅半島。その大隅半島の南端、いや本土最南端の地にある町が南大隅町である。人口は一万人にも満たないが、その分手つかずの自然が残り、海で獲れる新鮮な魚介類とも相まって、多くの人の旅心を刺激する。エメラルドグリーンに輝く雄川《おがわ》の滝や目を奪われる海と空のグラデーション、そして、日本最南端の佐多《さた》岬。夕陽が落ちる頃に岬から見る風景はまさに絶景と呼ぶにふさわしい。

この佐多岬につながる国道二六九号を鹿屋《かのや》方面から南下する途中に伊座敷という小さな港町があった。正式には佐多伊座敷というようだが、立ち寄った伊座敷港から見た透明度の高い海の美しさに驚き、しばし時間を忘れて見入ってしまった。ここでは定置網漁が行われており、カンパチ、カツオ、サバをはじめとするさまざまな魚が水揚げされている。また、人気の釣りスポットでもあり、アジ、イサキ、シロギスなどを狙って、休日ともなれば多くの釣り人たちがやってきて港の堤防から釣糸を垂らす。

港近くの小高い丘の上には、かつて伊座敷城があったといわれている。島津氏庶流の佐多氏かその一族の伊座敷氏の居城だったらしい。とすれば、伊座敷は城下町だったはずなのだが、実際に町を歩いてみるとその痕跡はまったく残っていない。

町には、漁港から山側に向かって五つの路地が伸びており、地図を見るとそれぞれ風呂屋筋、新町筋、吹子筋、油屋筋、医者殿筋と名前がついている。港近くで佇んでいた地元の人にその由来を聞いてみたが、まったく分からず仕舞い。おそらくその路地に風呂屋があったり、油屋があったことが由来になっているのだろう。

路地には小さな商店や蔵などが点在し、漁村特有の板張りの家もいくつかあった。だが軒を並べる家の数はそれほど多くなく、閑散とした静けさが広がっていた。家の中から時折聞こえてくるテレビの音になぜかほっとする。

路地をめぐり、漁港に戻ってくると、地元の漁師が集まって漁具の整備をしていた。朝の漁を終えた後なのだろうか。みなにこやかな顔で談笑しながら、作業を続けている。港湾には係留された漁船が揺れ、青い空にはカモメが旋回している。あたたかな日射しとやわらかな海風を浴びながら、もう少しこの港で休んでいくことにした。

KG3-60254
KG2-3205

伊座敷港。奥に見える山にかつて
伊座敷城があったといわれる

伊座敷漁港から伸びる路地には昔ながらの家が建ち並ぶ

地元の酒造会社・佐多酒造の煙突。今は使われていない

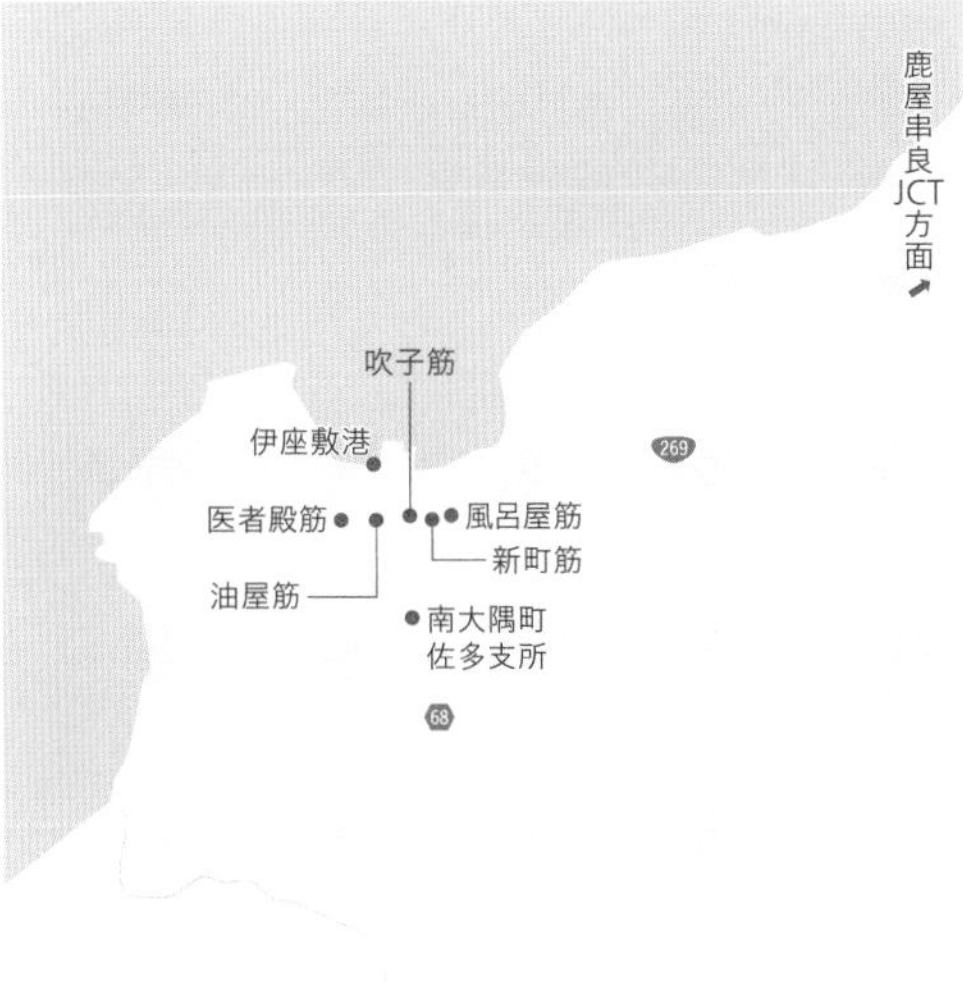

★伊座敷への行き方
東九州自動車道鹿屋串良JCTより車で約70分

佐多御崎祭り（さたみさきまつり）

佐多岬にある御崎神社は七〇八年創建の由緒ある神社。御崎祭りは、姉神である近津宮神社に、妹神である御崎神社の祭神が新年の挨拶に行くという伝統行事。一三〇〇年ほど前から地元の七つの集落に受け継がれてきた歴史ある神事だ。御神体を担ぎながら集落をリレーしつつ、約二十キロもの道のりを巡幸して、無病息災や豊作、豊漁を祈願する。坂元集落にある急な坂道「どんぴら坂」は一番の難所で、担ぎ手や見守る一行にも力が入る。次世代に繋いでいきたい行事である。

開催時期　毎年2月の第3土日曜
開催場所　南大隅町佐多（御崎神社ほか）

写真提供：御崎神社奉賛会

ノスタルジック商店街

一番街商店街（鹿児島市）
昭和の朝市から続くNo.1でオンリー1の商店街

鹿児島の玄関口、鹿児島中央駅から一番近い場所にある商店街が、一番街商店街だ。終戦直後、地方から持ち込まれた物資が西鹿児島駅（現在の鹿児島中央駅）に集結したことで、小さなお店が集まった「西駅朝市」がはじまり、発展してきた。駅からアーケードでつながっているため、雨はもちろん、鹿児島独特の気象である灰が降る日でも買い物ができるとあって、地元に愛されてきた。商店街の愛称である「いっど」は、「行くぞ！」という意味の鹿児島弁。再開発ビルの新しさと歴史ある商店街のレトロさがうまく融合して、まだまだ前進していくぞという意気込みが感じられる元気な商店街だ。

福山《ふくやま》（霧島市福山町福山）

錦江湾に抱かれた歴史と黒酢の町

味もさることながら健康に良い酢として高い人気を誇る黒酢。この黒酢発祥の地が霧島市の福山町《ふくやまちょう》である。

良い黒酢を造るためにはいくつかの条件が必要となる。原料となる米の良し悪しはもちろん、水、そして発酵熟成を促すための温度管理。福山にはそのどれもが揃っていた。

水は豊富な地下水に恵まれ、古くから県内随一の名水が湧くといわれてきた。また、福山は三方を丘に囲まれ、南方が海に接しているため、冬は暖かく、夏は海風で涼しく、年間を通して温暖だった。さらに、酢を発酵熟成するための壺は、薩摩焼の窯元が近くに数多くあり、必要な数をすぐに手に入れることができた。これらの条件が揃って、福山に黒酢造りが根付いたのである。

福山はかつて港町として栄えた歴史がある。藩政時代に日向筋が開通すると、鹿児島城下と日向の中継地として大いににぎわった。その繁栄は明治、大正と続いたが陸上交通時代の到来によって失われていくことになる。その衰退と入れ替わるようにして隆盛し始めたのが黒酢だった。福山の黒酢造りは江戸時代後期には始まり、薩摩藩の財政改革のひとつとして位置付けられた。家老の調所広郷《ずしょひろさと》が指揮をとり、彼の手腕によって酢は大きく販売量を増やし、幕末の鹿児島藩の財政を支えるほどになったといわれる。

実は、「黒酢」という言葉が使われるようになったのは昭和五十年のことで比較的新しい。それまでは「壺づくり米酢」と呼ばれていたのだが、福山の酢醸造元が、これまでの酢に比べて味がこってりしていて琥珀色だったため「黒酢」と名付けたのである。瞬く間に黒酢は人気となり、全国区の大手醸造元などもつくるようになった。ただ、そうした醸造元が黒酢を工場内のタンクで作るのに対して、福山では昔ながらの製造法、つまり一つの壺の中で、長い時間をかけて発酵熟成させることにこだわった。これが「福山の黒酢」というブランド力を生むことにつながった。

錦江湾に沿って伸びる国道二二〇号を走ると、昔この町に栄華をもたらした福山港が見えてくる。湾の向こうには桜島、踵を返して国道を超えて山側に歩けば、一本の古い道に出くわす。何の変哲もない道だが、両脇には、藩政時代の酢壺、都城島津家の米蔵跡、海運業で財を成した田中省三の邸宅など、福山の歴史に関する遺構を見ることができる。さらに坂道を登っていけば、黒酢醸造元に置かれた数多くの壺に目を奪われる。夕刻近く、まだ燦々と照りつける太陽の光で、錦江湾がきらきらと光っている。黒酢の壺の向こうに見える桜島は、今日も変わらずにその雄姿を見せている。

福山の老舗、坂元醸造株式会社の
敷地内にある黒酢の壺。通称「壺畑」

古い建物が残る福山の集落

POST

福山港

坂元のくろず「壺畑」情報館
住所：霧島市福山町福山3075
電話：0120-707-380
開館時間：9:00〜17:00
定休：12/31、1/1
料金：無料（団体は要予約）

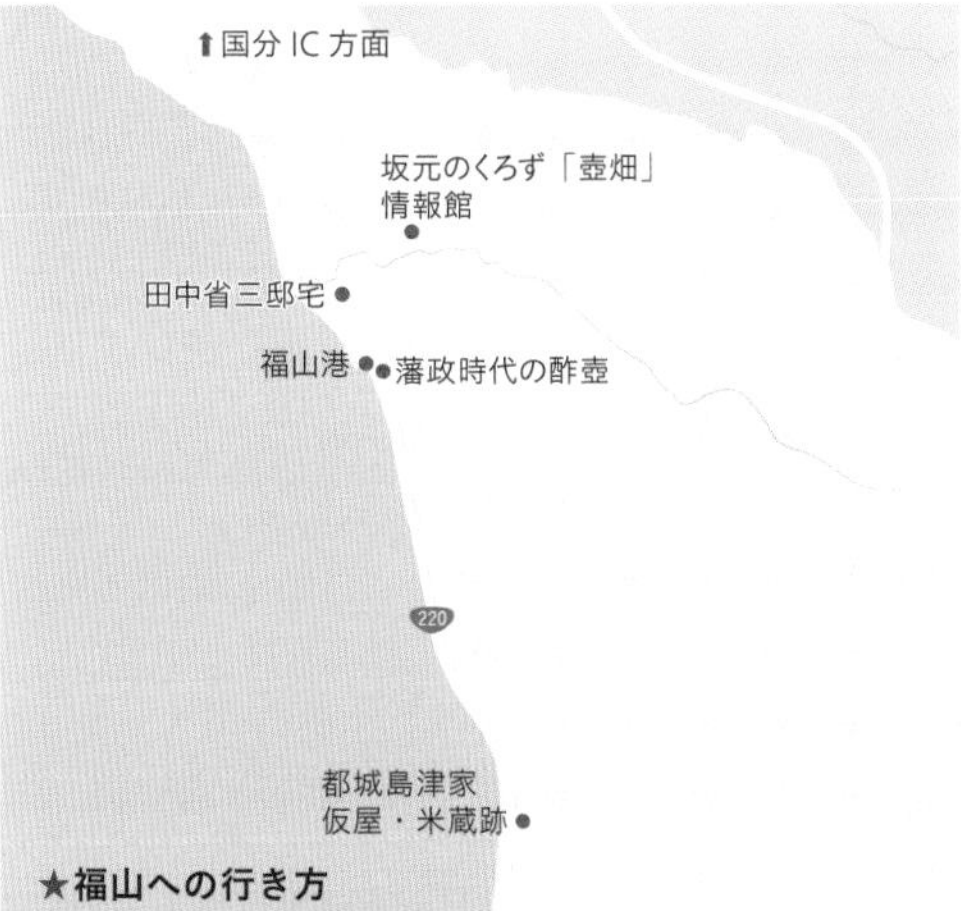

★福山への行き方
東九州自動車道国分ICより車で約10分

おすすめランチ

●くろず酢豚
江戸時代から黒酢を作り続ける坂元醸造直営店。伝統製法で作られた黒酢を使った酢豚、酸辣湯麵のほか、本格的な飲茶も楽しめる中華レストランだ。「壺畑」情報館でくろずを学んだあとに訪れるのがおすすめ。

「坂元のくろず「壺畑」レストラン」
霧島市福山町福山3075

市比野温泉《いちひの》（薩摩川内市《さつませんだいし》樋脇町《ひわきちょう》市比野）

島津久光によって効能が喧伝された温泉郷

薩摩川内市の市街地から車で約二十分。田園地帯を流れる市比野川と城後川《じょうご》に沿うように広がるのが市比野温泉郷である。開湯は江戸時代前期といわれており、広く知られるようになったのは、第二代薩摩藩主島津久光の頃である。久光が市比野にメジロを獲りに訪れた際、地元の者に紹介されたのがこの温泉で、そのすぐれた泉質を「天下の名泉」と讃えたのがきっかけだったといわれている。その後、さまざまな病が治るという評判がたち、多くの人が訪れる湯治場としてにぎわった。明治時代には、周囲の山林から木材を運ぶ市比野川の舟運が盛んになるにつれて、温泉郷にはさらに多くの人が訪れるようになったといわれている。

それから大正、明治、昭和、そして平成といくつかの時代を越え、市比野温泉も少しずつ時代の影響を受けてきた。現在は往時ほどのにぎわいはなく、温泉街も付随する商店街にも人影は少なく、どちらかというと鄙びた温泉街という印象を免れない。

ただ、泉質の良さは今も変わらず、近郷から湯治客や公衆浴場を利用する客がほぼ毎日やってくる。城後川沿いにある上之湯《かみのゆ》公衆浴場、市比野川沿いにある下之湯《しものゆ》公衆浴場などは、格安ということもあってたくさんの入湯客でにぎわっている。最近では、市比野の湯は美人湯という評判が立ち、集客の追い風になっているらしい。

昭和の初め、女流歌人の与謝野晶子が夫の与謝野鉄幹とともにこの地を訪れている。川内出身の出版社社長の招きで鹿児島吟行した際、市比野温泉の「みどり屋旅館」に宿泊し、旅情かつ湯情豊かな歌を詠んだ。

――　水鳴れば　谷かと思ひ　遠き灯の　見ゆれば原と　思う湯場の夜　――

温泉郷を流れる城後川沿いの「湯の滝公園」の駐車場にこの歌の歌碑が建てられている。

与謝野夫妻が宿泊したみどり屋旅館は、今も営まれている。市比野川にかかる橋のそばにあり、大正時代につくられた木造三階建ての建物は市比野温泉郷のシンボルとして、その壮麗な姿を見せ続けている。

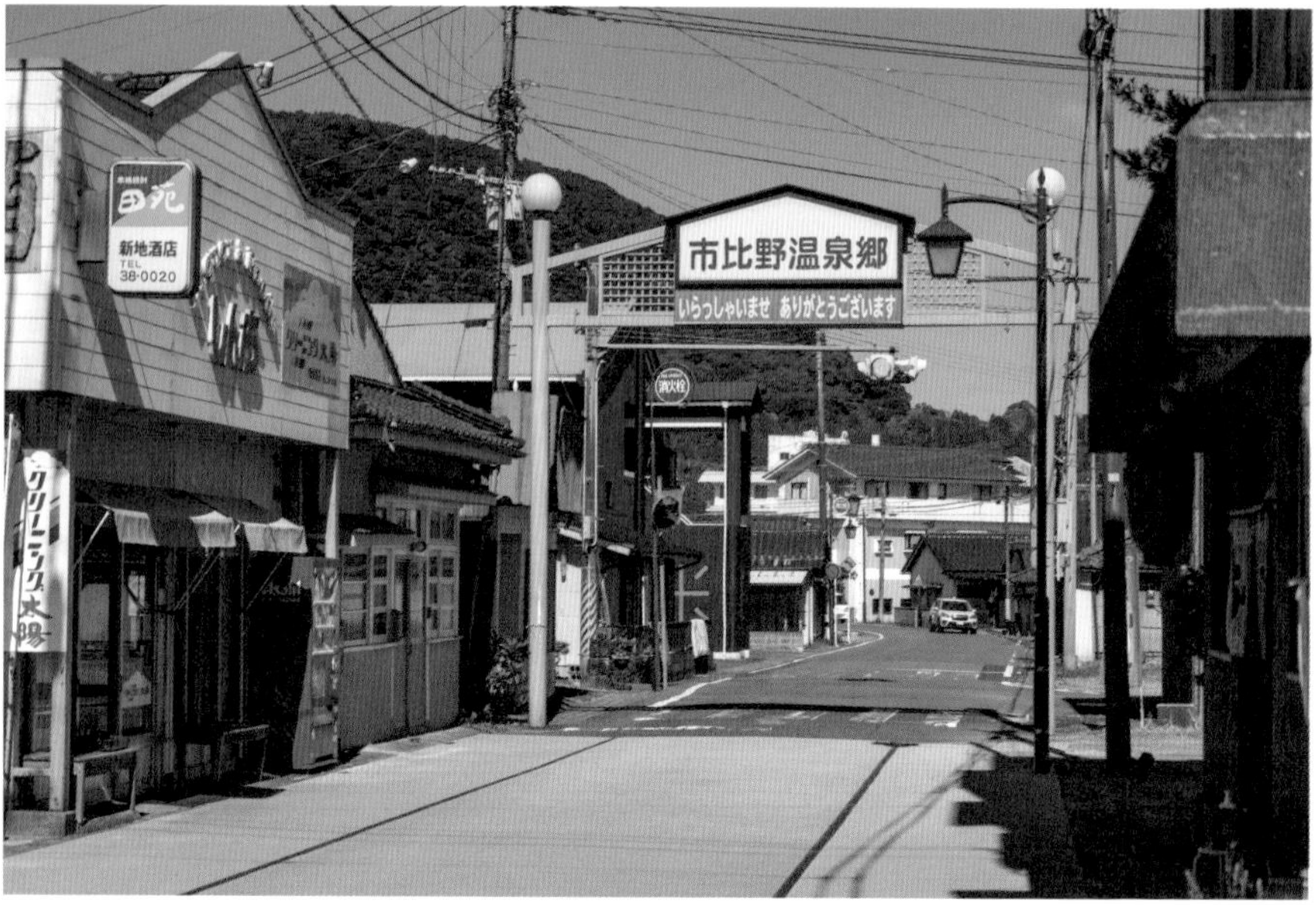

市比野温泉の商店街

与謝野晶子が宿泊していた「みどり屋旅館」

上之湯公衆浴場

下之湯公衆浴場

市比野温泉を詠んだ与謝野晶子の歌碑

道の駅「樋脇」遊湯館
住所：薩摩川内市樋脇町市比野156
電話：0996-38-2506
営業時間：4～9月 8:30～18:30、10～3月 8:30 ～ 18:00、12/31 8:30 ～ 15:00、1/2、1/3 9:30～17：00
定休：第3水曜日、1/1
料金：無料

★市比野温泉への行き方
九州自動車道姶良ICから車で約50分

わが町自慢の
市場食堂

薩《さつ》摩《ま》海《うみ》食堂
（薩摩川内市港町6131-23）

目玉は甑《こしき》島《しま》のクロマグロ

川内市漁協直営の「川内とれたて市場」は川内港で獲れた新鮮な海産物、お惣菜、野菜、加工品や特産品を販売している地元住民からも観光客からも人気の直売施設だ。

ここに併設されているのが薩摩海食堂。広々とした店内でゆったり食事を楽しむことができる。目玉は甑島の良好な漁場で養殖されている、新鮮な「クロマグロ」や「ブリ」を使った刺身定食や海鮮丼。シラスやタカエビ、キビナゴなどの旬の魚も豊富だ。テラス席では、潮の香りを感じながら新鮮な魚介を楽しむこともできる。

営業時間 直売所（4月～9月）10:00～18:00（10月～3月）10:00～17:00／ 食堂11:00～15:00、第2、第4火曜休

著名人の生家を訪ねて

寺《てら》島《しま》宗《むね》則《のり》生家

美しい海と島の風景が眼前に広がる

住所 阿久根市脇本8978-1
営業時間 10：00～17：00
休業日 火曜日、年末年始

寺島宗則は、幕末から明治にかけて、近代日本国家の成立のために尽力した外交官、政治家である。もともと松木弘安《こうあん》という名前だったが、明治以降に改名した。

天保三（一八三二）年、阿久根《あくね》市脇本《わきもと》で生まれ、長崎や江戸で蘭学や医学を学んで薩摩藩の集成館事業などに携わった。その後、神奈川県知事を務めるとともに、電信政策を推進し、「電気通信の父」と呼ばれた。明治政府では外務卿、文部卿、元老院議長を歴任。日本外交の近代化と不平等条約改正に尽力。明治二十六年、六十歳で生涯を終えた。

阿久根市にある寺島宗則の生家は、天保年間に建設され、すでに築後百八十年を過ぎている。室内には、彼の生涯をたどり功績を称える歴史資料が展示され、誰でも無料で見学できるようになっている。家の前には、美しい海の景色が広がっており、すぐ目の前に寺島という無人島が横たわっている。宗則の改名の由来になった島だといわれている。

出水市出水《いずみ》麓《ふもと》（武家町）

平成7年12月26日選定

鹿児島には山城の周辺に配置された「麓」と呼ばれる独自の武家屋敷群が数多く残されている。薩摩藩は武士の数が多かったため全ての武士を鹿児島城下に集結できず、外城制度として各地に「麓」を置いた。ここ出水もそのひとつ。保存地区は西南の役や太平洋戦争の戦禍も免れ、旧態を良好にとどめている。生垣や石垣、馬場が特徴で、周囲の環境と一体になって特色ある「麓」の景観を今に伝えている。

重要伝統的建造物群保存地区

薩摩川内市入《いり》来《き》麓《ふもと》（武家町）

平成15年12月25日選定

鹿児島県北西部にある入来麓は中世の山城である清色城を背景として、樋脇川（清色川）を天然の堀として平地に展開された武家集落。鹿児島独特の「麓」集落のひとつである。江戸時代に整備された地割を今でもよく残しており、江戸末期、明治期に建てられた主屋と石垣、生垣が一体となった歴史的景観の価値は高い。入来麓は他の重伝建に比べるとまだ観光化が進んでおらず、それが却って本来の集落の雰囲気を静かに満喫するのに向いている。玄人好みの、穴場的な重伝建かもしれない。

重要伝統的建造物群保存地区

南さつま市加世田麓《かせだふもと》（武家町）

令和元年12月23日選定

薩摩藩の外城として栄えた南さつま市の加世田地区も、麓集落としての地割がよく残されていることが評価され、重伝建に指定された。他の麓集落と同じように石垣や生垣、腕木門が見られるだけでなく、益山用水とそこにかかる石橋が整然と並んでいるのが加世田の特徴で、町並みにしっとりとした趣をあたえている。

また、明治以降の加世田の繁栄を示す近代和風の建築、洋風医院建築が残されている点にも注目したい。これまであまり意識されてこなかった鹿児島の近代史を語り継ぐ貴重な景観といえる。

おすすめおやつ

●おやつセット

元病院だったというレトロな洋風木造建築を利用したカフェ「POTURI（ポツリ）」。加世田の町並み散策の一休みに最適なお店だ。焼き立てふわふわのホットケーキと紅茶のセットがおすすめ。

「雑貨とカフェ POTURI（ポツリ）」
南さつま市加世田武田18278-1

重要伝統的建造物群保存地区

南九州市知覧《ちらん》（武家町）

昭和56年11月30日選定

薩摩半島の中央に位置する知覧。薩摩の小京都と呼ばれ、茶の産地や特攻隊ゆかりの地として知られるこの場所は、鹿児島に数多くある武家屋敷群「麓集落」の代表格でもある。旧街道沿いの両側には武家門や石垣が整然と並び、古い屋敷や馬場が残され、薩摩の典型的な武家屋敷の景観が広がる。

武家門の正面には防衛のための切石による目隠しがあり、優雅な庭園が造られていて、どれも堂々たる構えだ。江戸時代にタイプスリップしたかのような感覚が味わえる、「麓集落歩き」の入門におすすめの町並みだ。

沖縄

伊部・安田
喜如嘉
備瀬の・
フクギ並木
渡名喜村
渡名喜島
残波岬
金城町
きらく
むつみ橋通り
那覇市
久高島
奥武島
竹富町竹富島

久高島《くだかじま》（南城市知念《なんじょうしちねん》）

神々が今も息づく琉球神話の聖地

県の南部、南城市知念沖の海上五キロのところに久高島という島がある。周囲八キロほどの小さな島で、本島からフェリーで二十五分、高速船であれば十五分ほどで行くことができる。予備知識がなければ、緑豊かで素朴な雰囲気ののどかな島という印象で終わってしまうかもしれないが、実は、沖縄の人々にとってこの島は「神の島」と崇められている島なのである。

琉球神話によれば、アマミキヨという神がニライカナイ（海の彼方にある神々が住む理想郷）から降り立ち、国造りを始めたのが久高島だとされている。王朝時代から国王が毎年この島に来て祈り、国の霊的最高位となる聞得大君《きこえおおぎみ》（琉球王国時代の最高女神官）も、この島で霊力を与えられてその地位についたといわれている。

島内には、神が訪れる場所であり先祖神をまつる場所である御嶽《うたき》、特に沖縄で最高の霊地とされるクボー御嶽をはじめ、琉球神道にもとづく神聖な史跡が数多く残っている。史跡だけではなく、昔から続く祭祀が今も続けられており、一年に数多くの祭りが執り行われる。まさに神とともに生きる島といえる。

島の玄関口にあたる徳仁港《とくじん》から島内に入る。右手に伸びる海沿いの道をしばらく歩き、緑に覆われた細い道をくぐり抜けると美しい海岸が目の前に広がった。イシキ浜とよばれる浜で、五穀の種子が入った壺が漂着し、ここから沖縄全土に穀物栽培が広がったという伝説が残る。神話では五穀発祥の地とされ、王朝時代から神事が行われてきた。

海の道を折れ、島の中心に向かって歩く。細い道がうねるように続き、油断すれば迷子になってしまいそうだ。行く先々に神話由来の場所や祭祀のための施設が点在し、日々の暮らしの中に神が息づいていることがわかる。正月をはじめとする年中祭司の祭場である外間殿《ふかまどぅん》、久高島の旧家の一つである大里家《うぷらとぅ》の建屋、かつて久高御殿があったとされる御殿庭《うどぅんみゃー》、そして琉球の国王が来島する際に使われた港の跡である君泊《ちみんとぅまい》と集落への入り口である大君口《うぷちんぐち》。生茂る木々の隙間から、いくつもの史跡を見つけることができる。

神聖なる神の島、久高島。しかし、最近ではこの島にも利便性や経済性などが求められるようになり、観光客のための商店、施設が次々とでき始めている。さらに島おこしを目的とした開発の話も出ているなど、神とは相容れないような時代の波が押し寄せてきているという。神宿る素朴な島であり続けてほしい、と思うのは旅人のわがままだろうか。

ピザ浜

島の玄関口である徳仁港

けい
食事処
沖縄そば

KUDAKA LINE

伊敷（イシキ）浜

島の重要な祭礼における祭場「外間殿」

外間殿の向かいにある拝所

久高島の旧家のひとつ「大里家」

村の主要な年中祭礼の祭場「御殿庭」

琉球国王が来島する際に使われた港の跡「君泊」と集落の入口である「大君口」

★久高島への行き方
安座真港からフェリーで約40分

奥武島《おうじま》（南城市玉城《たまぐすく》奥武）

新鮮な魚と天ぷらが名物の美しいウミンチュの島

地元ではウミンチュ（海の人：漁師）の島として知られる奥武島は、南城市玉城の南東にある周囲二キロほどの島である。島内に漁港があり、新鮮な海産物が水揚げされる。なかでもウミンチュの夏のボーナスともいわれるスク漁が始まると、島全体が湧き立つ。というのもスク（アイゴの稚魚）は年に二回、夏場の新月のときにしかやってこないため、その時期になると島じゅうのウミンチュが血眼になってスクを探すことになる。しかもスピード勝負。スクは珊瑚の藻を食べにやってくるのだが、藻を食べてしまうと臭みが出て価値が半減してしまう。藻を食べる前のきれいな銀色のスクが高く売れるのだという。年に二回しかチャンスが巡ってこないので、夏のボーナスといわれているらしい。

スク漁は時間との勝負。スクが集まってくるサンゴの海に猛スピードで船を出し、群を見つけたら水面を手でたたいて追い込み漁をする。たくさんのウミンチュたちが我先にと漁場に飛び込んで水面をたたく。捕れたスクはすぐに売りに出され、その日のうちに料理店や居酒屋で客に提供される。沖縄の他の漁港でも見られる光景だが、ここ奥武島がもっとも歴史があり活気もある。イカ漁もさかんで、シーズンになると港の堤防でトビイカの天日干しを見ることができる。スク漁と並んで、これもまた奥武島の風物詩となっている。

周囲約二キロの小さい島なので、車で五分程度で一周することができる。奥武島海岸に行くには車が便利だが、歩いても行ける距離だ。島のほぼ中心には、約四百年前、奥武島に漂着した中国船を救助したお礼に贈られた金の観音像が祀られている奥武観音堂がある。島の守神にもなっており、掃除の行き届いた観音堂が清々しい。さらに歩いて海に出れば、竜宮神という珍しい形をした岩を見つけることができる。これは拝所となっており、海の向こうの神様に向かって祈りを捧げる場所だ。

小さい島だけれどもそれなりに見所も多い。ぐるっと回るにはしっかり時間がかかる。歩き疲れたら、奥武島名物の天ぷらを食べてひと息つこう。沖縄風天ぷらは衣も味もしっかりめ。新鮮な海の幸を包む独特の厚い衣はくせになる食感だ。奥武島特産の「もずく」や「アーサ」(青のり)の天ぷらもおすすめ。島で一番人気の中本鮮魚てんぷら店は、休みの日ともなれば長い行列ができるほどだ。

高い空、透き通るような青い海、白い砂浜。島のいたるところにいる猫たちを見やりながら、のんびりとした時間を過ごせるのも奥武島の魅力だ。

300047
956

島のほぼ中心にある奥武観音堂

観音堂の境内は色濃い緑に覆われている

海に向かって祈りを捧げる拝所「竜宮神」

奥武島はネコの島とも呼ばれている

おすすめランチ

●まる天定食

意外にまだ知られていない沖縄の名物、「天ぷら」。沖縄のいろんな場所で食べられるご当地グルメだが、中でも奥武島は「てんぷらやー」の聖地。濃いめの味づけとふわふわの衣が特徴だ。名産のもずくを使った「もずく天」は必ずおさえたい。

「食べ処 まる天」
南城市玉城字奥武9
(中本鮮魚てんぷら店2F)

★奥武島への行き方
沖縄自動車道南風原南ICより車で約20分

奥武島ハーリー（おうじまはーりー）

ハーリーとは、沖縄各地で行われている伝統的な漁船の行事で、航海の安全や豊漁を祈願するもの。地域によっては「ハーレー」と呼ぶところもある。爬龍船《はりゅうせん》という中国から伝わった形式の船を使ったレースが行事のメインで、奥武島のハーリーは県内でも特に「勇壮で豪快」だと評判だ。見どころは、漕ぎ手が高さ五メートルほどある橋から海に飛び込んで乗船する「流れ船」で、迫力満点。船を転覆させ、体制を立て直すところから競う「クンケーラーシー」も大いに盛り上がるポイントだ。

開催時期　毎年旧暦5月4日
開催場所　奥武島海岸（南城市玉城奥武）
写真提供：南城市教育委員会

金城町《きんじょうちょう》（那覇市首里金城町）

琉球王朝時代の風情が残る石畳の道と御嶽

琉球王朝時代に造られた四つの城《グスク》を統括する王の居城として築かれたのが首里城である。しかし、先の大戦でほとんどすべて失われ、城の土台や周囲の石垣を残すのみとなってしまった。県民のたっての願いであった復元作業が終了したのが平成四年。沖縄の新しいシンボルとして、沖縄観光の中心として多くの来訪者を迎え入れた。だが、令和元年十月の火災によって、正殿をはじめとする復元建築がすべて焼け落ち、収蔵品なども多く焼失した。現在、ふたたびの復元を目指して、多くの支援のもと、新しい首里城への第一歩が始まっている。

朱色に輝く首里城の姿を見ることはできないが、その周辺には、王朝時代の遺構や往時の風情を感じることができる場所がいくつかある。その中の一つに、金城町がある。

金城町は、首里城の南側に広がる急斜面にある集落で、いわば首里城の城下町といえようか。沖縄の古民家が密集し、その間を城から続くいくつかの道が南へと続いている。舗装化された道もいくつかあるが、王朝時代そのままに石畳が残っている道がある。その代表的な道が「金城町石畳」と呼ばれている道だ。距離にして約三百メートル。かつてはもっと長かったらしいが、やはり戦争によって破壊されてしまった。使われているのは琉球石灰岩と呼ばれる石で、大小を組み合わせた「乱れ敷き」という工法によって造られている。

　石畳の途中には、樹齢三百年の大アカギが自生する場所があり、それらの木々を神木として崇拝する御嶽《うたき》である内金城嶽《うちかなぐすくたき》がある。木や石などを自然の神として崇拝する風習のある沖縄では、各地にその拝所である御嶽があるが、その中でもここは格式の高い御嶽だといわれている。深い緑に覆われた御嶽の地に入ると、石畳をのぼって火照った身体が、すうっと静かに整っていくのがわかる。

　さらに石畳を降りていくと、金城村屋という古民家があった。家の前には大きなガジュマルの木があり、民家の横には、集落の共同井戸である石で造られた村井《ムラガー》があった。

　首里城から、金城町石畳道をゆっくりと歩いて下っていく。道の両側に広がる石垣と民家を見ながら、遠い昔に消えていった琉球王朝の日々を思い描くのもいいかもしれない。

石敢當

緑が美しい内金城嶽

現在は休憩所となっている金城村屋

★金城町への行き方
沖縄自動車道那覇ICより車で約5分
ゆいレール首里駅より徒歩で約25分

わが町自慢の
市場食堂

きらく（那覇市松尾2-10-1-2階）

第一牧志公設市場の老舗食堂

第二次大戦後の闇市が元となり、昭和二十六年に市営の牧志公設市場が誕生した。その後、第二市場の開設や移転、雑貨部・衣料部の閉鎖、建て替えなどを経て、現在は第一牧志公設市場が那覇市に残る唯一の公設市場となった。今でも市民の台所としてにぎわいをみせている。一階の市場で買った食材を二階のお店で調理してもらえる「持ち上げ」というシステムは観光客にも人気だ。

　きらく食堂は昭和五十七年創業の老舗。定番の家庭料理の味を愛する常連客も多いが観光で訪れたなら、ヤシガニの「持ち上げ」にチャレンジしてみては？

営業時間 9時～21時、毎月第4日曜定休

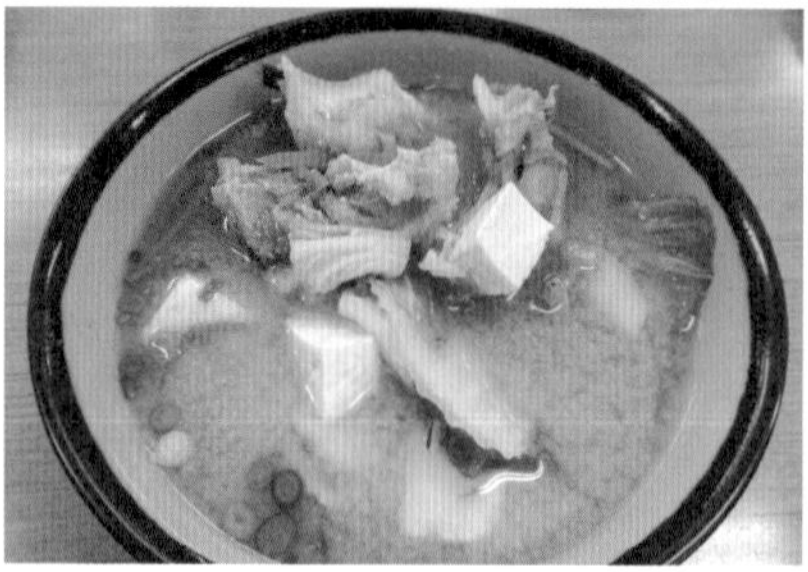

ノスタルジック商店街

むつみ橋通り商店街（那覇市）

にぎやかな通りに囲まれた懐かしくあたたかい商店街

那覇の目抜き通りである国際通りから分岐している商店街のひとつ、むつみ橋通り。観光客向けでお土産物が多い平和通り、牧志市場へと続く市場本通りと並行して、一際道幅が狭く、ローカルな雰囲気を漂わせている商店街だ。かつてこの場所に、むつみ橋という橋があったことからこの名がついたという。そのむつみ橋には、「国籍を問わず、市民同志むつみ親しんでほしい」との願いが込められていたとか。地元のお客さんが多く、どこか懐かしく温かい印象があるのは、その由来のせいかも。レトロな那覇を味わいたいならぜひ訪れていただきたい。

名画名作の舞台を訪ねて

『涙《なだ》そうそう』（那覇市など）

映画 土井裕泰監督・二〇〇六年

沖縄を舞台に懸命に生きる兄妹の姿を描く

歌手・夏川りみが歌ったヒット曲『涙そうそう』をモチーフにつくられた映画である。沖縄で生まれ育った血のつながりのない兄妹が、二人に襲いかかるさまざまな試練を乗り越えて懸命に生きていく。だが、不慮の出来事で兄が亡くなってしまうという悲しいストーリーなのだが、二人の強い絆に勇気づけられる映画でもある。

主人公の兄を演じたのは妻夫木聡、妹役に長澤まさみ。橋爪功、船越英一郎、大森南朋、小泉今日子などのベテラン俳優が脇をしっかり固め、見応えのある一本になっている。ロケは那覇を中心に、沖縄の各地で行われた。美しい自然や市場など、沖縄ならではの風景が随所に使われている。

二〇一七年に閉鎖された那覇市の農連市場や改築工事が行われた牧志公設市場など、少し前のなつかしい那覇の町の姿も映画に登場する。主人公が野菜を配達した花笠食堂や野菜を担いで走っていた平和通り商店街などは、今もまだそのままに残っている。ちなみに『涙そうそう』の作詞は歌手の森山良子で、早逝した彼女の兄への思いを詩に託したそうである。

市場で働いていた主人公が、野菜を配達した「花笠食堂」

主人公が幼い頃、家を飛び出した妹を探し歩いた読谷村の残波岬

主人公が野菜を担いで走っていた「平和通り商店街」

喜《き》如《じょ》嘉《か》（大宜味村《おおぎみそん》喜如嘉）

かけがえのない技術を後世に繋ぐ芭蕉布《ばしょうふ》の里

沖縄県北部、山原《やんばる》地方の大宜味村《おおぎみそん》に喜如嘉という小さな集落がある。かつては船大工の村として数多くの腕の良い大工を輩出する村として知られていたが、現在は、沖縄の伝統工芸品である「芭蕉布」の産地として国内外に広く知られつつある。

芭蕉布とは、沖縄特産の糸芭蕉《いとばしょう》（バナナの一種）の繊維を織った布で、上質なものは琉球王府の官服に使われ、一般家庭では作業着や庶民の夏衣として広く使われていた。村の各家庭で織られるほど一般的なものだったのである。しかし、戦後、生活様式の変化とともに芭蕉布への需要は激減し、長い間継承されてきた技術や伝統も途絶えようとしていた。その窮地を救ったのが、村出身の平良敏子《たいらとしこ》という女性である。彼女は消えかかった芭蕉布をもう一度復興させるために、村の女性たちに呼びかけ、自らは芭蕉布の作品を出展するなどして、芭蕉布の良さを広く知らしめる取り組みをした。その結果、芭蕉布は国内のみならず世界的にも高い評価を獲得し、国の重要無形文化財に指定されるまでになった。残念ながら、平良敏子は令和四年に一〇一歳の生涯を閉じたが、その遺志は喜如嘉の人々にしっかりと受け継がれている。

そんな喜如嘉の村は、やんばるの名にふさわしい豊かな自然と人々の暮らしが調和した、どこかあたたかくてなつかしい居心地のいい村だった。

集落のほぼ中心にある芭蕉布会館から、舗装されていない農道を歩くと、すぐに糸芭蕉の畑が現れた。二メートルはあろうかと思われる茎から大きく広がる緑の葉。ひとたび畑に足を踏み入れれば、葉によって陽射しが遮られ、神秘的な迷路を歩いているかのようだ。

集落の道の両側には、平屋建てのこぢんまりした家々が点在する。屋根の上にはシーサーがいて、しっかりとこちらを睨みつけてくる。

芭蕉会館と公民館の間の道を進んでいくと、七滝《ななたき》という滝があった。突き当たりに鳥居があり、それをくぐって奥にすすむと左手に滝があり、右手にはその滝を拝む拝所が設えてあった。ひんやりとした冷気を感じながら、流れ落ちる滝の音にしばし時間を忘れてしまう。

芭蕉布は、その材料すべてが村の自然にあるものからつくり出される。畑で見た糸芭蕉、七滝の水、そして集落を歩いて感じた心地よい風と日の光、それらすべてが一緒になって初めてできあがるのが芭蕉布なのだろう。半日ほど喜如嘉をめぐり歩いたら、きっと誰もがそう思うに違いない。

糸芭蕉の畑

冷気が心地よい七滝の地

芭蕉布会館
場所：大宜味村喜如嘉454
電話：0980-44-3033
開館時間：10:00〜17:00（11月〜3月）、
10:00〜17:30（4月〜10月）
定休：日曜、旧盆、年末年始

★喜如嘉への行き方
沖縄自動車道許田ICより車で約40分

おすすめランチ

●野菜そば

地元の人が多く利用する飾らない食堂の一番人気は「野菜そば」。沖縄そばにたっぷりの野菜炒めと大きめのポークソテーが惜しげもなく乗せられているボリューム満点の一品。沖縄そばのイメージが変わるかもしれない。

「**おおぎみ食堂**」
国頭郡大宜味村字大宜味195

コラム

王朝時代の風水の名残り「フクギの屋敷林」

備瀬《びせ》のフクギ並木（国頭郡本部町《もとぶちょう》）

琉球王朝時代から続く沖縄の原風景のひとつにフクギ並木がある。フクギは漢字で「福木」と書き、福をもたらす縁起の良い木とされている。かつては、沖縄各地にフクギ並木が見られたが、年々少なくなり、今は数えるほどしかない。その中でも昔のままにフクギ並木が残っているのが本部町備瀬である。

ここでは海沿いに広がる約二三〇戸の集落が、約二万本のフクギ並木と屋敷林で囲まれている。そもそもフクギで家を囲む風習は、王朝時代に王府が取り入れた風水の影響だといわれている。風水では、気が散逸しないように、ある場所を山々や樹々で囲むことを「抱護（ほうご）」といい、家などを自然の脅威や厄災から守るために、この考えにもとづいて集落を整備させた。その名残がフクギ並木なのである。

約一キロにわたって続くフクギの並木道を歩く。並木の奥には昔ながらの家々が建ち並んでいる。フクギの木からは日差しがこぼれ、土の道をほんのり照らしている。並木を折れて海の方へ進むと、心地よい風が吹き抜けるのがわかる。集落のすぐそばに海が広がり、そこにもまた沖縄らしい風景が広がっている。

伊《い》部《ぶ》・安《あ》田《だ》（国頭《くにがみ》郡国頭村）

昔ながらの沖縄がある やんばるの小さな村と共同売店

沖縄本島の最北端にある国頭《くにがみ》村。亜熱帯の木々が生茂る森が広がり、沖縄にしかいないヤンバルクイナが生息するなど、沖縄の原風景が広がる地域である。二十以上ある集落にもまた、昔ながらの風情が残っており、ひとたび足を踏み入れれば、古くからそこにある沖縄に触れることができる。

村の東海岸沿いにある伊部という集落を訪ねてみた。県道七〇号を北上し、途中海側に右折する。しばらく走ると民家が数軒連なっているのを見つけた。聞けばこの地区の人口は十人ほど。ほとんど人影はない。だが、このやんばる地域独特の共同売店である「伊部売店」がしっかりと営業していた。今にも壊れそうな建屋の中には、外からは想像つかないほどの数の日用品が陳列してあった。店の人はおらず、売り場にあるチャイムを押すとやってきてくれることになっているらしい。

店の前の道路を横切って背の高い草に囲まれた道を通り抜けると、美しい海が広がっていた。夏になるとマリンスポーツを楽しむ人々でにぎわうそうだ。

この伊部から車で約十分ほど南下し、安田という集落についた。この集落は伊部より大きく、一六〇名ほどの人が住んでいるとのこと。集落に入ってみると立派な公民館があり、その敷地の一角には茅葺の小屋のようなものがあった。これは「神アサギ」と呼ばれているもので、神人（琉球信仰の神職者）が祭礼のときに使う建屋で、茅葺き屋根のものは本島にはほとんど残っていないらしい。

安田には、「安田のシヌグ」という祭りがある。四百年ほど前から続けられている伝統行事で、草木をまとって神となった男たちが山に登り、集落に下山。夜になると女たちが古舞踊を舞い、無病息災や豊漁を神に祈るという儀式だ。毎年夏に二日間行われ、神アサギのあるあたりは、集落の人々で埋め尽くされることになる。

伊部同様、この集落にも共同店があった。公民館のすぐ横にある「安田協同店」（安田だけは「共同」ではなく「協同」にしている）がそれで、広い店舗の中には、日用雑貨から食品、そしておみやげまで、さまざまなものが売られていた。店には休憩スペースもあり、最近では、この共同店の素朴な雰囲気と気さくな店主さんとのふれあいをもとめて、観光客も数多く訪れるようになった。

昔、地域の人々がお互い助け合うために共同でつくった共同売店。今も地元の人々の暮らしを支えているとともに、ありのままの沖縄の魅力を体感できる場所として注目を集めている。

伊部の共同売店